不登校生が自然な笑顔をとりもどすとき

～「学級復帰」への処方箋宝箱～

堀江 晴美

推薦

「今できること」をやるだけです

犬塚　清和

「出会った子どもたちは、どこにでもいる、ごく普通の子どもたちばかりでした。ごく普通の子が苦しんでいた。いまは、ほんのちょっとしたことで誰もが不登校になる危うさがあると感じています」と堀江さん。その通りだとぼくも思います。子どもたちの身体に潜んでいる〈心のわだかまり〉を溶かしてやることが親や教師、大人のつとめでしょう。廊下でたまに出会ったときに「いい顔してるね！」って声をかけたり、「お帰りなさい。おやつ食べてね」と玄関にメモをはさんでおいたり、「あなたが好きです」というメッセージを伝えつづけていく。「目にかけ、気にかけ、声をかけ」ですよね。

ぼくは、中学校教師を定年退職して15年になります。55歳で学級担任を外れたとき、年度末に提出する「来年度の希望」に、「3年生の理科をもちたい」と書いて、次の一文をつけ加えました。

「子どもたちは学校に来て、友だちの中で健全に成長していくものだ。ムカついたり、傷ついたり、自信をなくしたりしたときに、彼らが安心してひとときをすごせる〈止まり木〉が少な過ぎはしないか。ぼくはそういう子どもたちのひとときの〈止まり木〉として存在したいと思う。そして元気になって、またクラス集団の中に帰っていく。そんな場を作っていきたいと思う。

カウンセラーや教員を増やすことも大事なことでしょうが、きれいに植林された杉林でない、雑木林のような包容力の厚い、多様な子どもたちの〈止まり木〉となれるような教師集団、学校組織を作り上げていくことが特に必要ではないでしょうか」

（『輝いて！　笑顔の広がる授業・教室』犬塚清和／仮説社）

それから6年間、ぼくは積極的に、徹底して〈理科準備室の止まり木化〉を推し進めました。今、通信制の高校に勤めていますが、気持ちは同じです。そんなこともあって、堀江さんの「不登校生徒たちの学級復帰」の仕事に関心をもってきました。

転勤して告げられた「不登校支援」の仕事に乗り気でなかった堀江先生ですが、「一人ひとりの子の元気を取り戻すのは意義のある仕事だ」と考え、「やるしかない！」と決断。堀江さんが、〈全身全霊、魂込めてあなたを支えます〉と心に誓ってサポートした最初の生徒の「美華さん（中1）」への対応を知ったとき、彼女の実践力（行動力）の素晴らしさはここだ、とぼくは思いました。

どういうことか。――美華さんが「絵を描くことが好き」ということを知ったとき、「美華さんの支援は絵で出来る」と直観。ところが、1年生の美術を受けもっていない。ふつうならそこであきらめてしまうが、堀江さんは違います。「だったら美術部を立ち上げるしかない！」。部活を作れば、自分とのかかわりができるだけでなく他の生徒との交流も生まれる、と踏んでのことでしょう。

学校の先生なら、規則の枠を外れても自分の得意なこと、好きなことを生かすことです。不登校になる子の多くは優しくて、まわりの空気に敏感です。「たのしい」と思える授業が一つでもあれば、最高です。「たのしさ」のまわりに流れる空気は温かく、自分を受け入れてくれるような気持ちにさせてくれるからです。

「これは、私の教師人生最後に行った〈不登校支援〉の記録です」と堀江先生。ならば、これまでにどんな体験や出会いがあったかを先に知っていると、〝ああ、このときの生徒対応や決断はここから生まれているのか〟と納得できることも多いでしょう。不登校やいじめ対応に向き合っている教師に限らず、自己の「自立」を目指すすべての人たちが手にとってほしい本です。

過去は振り向かず、前向きでも後ろ向でも横向きでもいい、あなたの一歩を踏み出してください。自分の今と未来のために。

仮説実験授業研究会 事務局長

2017年12月3日

目次

第2章　イジメで苦しむ子

第3章 イジメ完全解決す

第4章 学級復帰するための条件

第7章　卒業・自立の時

はじめに

不登校問題に悩み解決したいと考えている方へ

定年退職まで余すところ4年、私は教師人生最後となる中学校に赴任しました。静かに、無難に私の教師人生は終わるものと考えていました。ところが、着任したその瞬間から、安穏とはしていられなくなりました。思いもしなかった仕事が、私を待ち受けていたのです。

別室登校の子どもたちを学級に戻す、〈不登校支援〉の仕事であった。「学級に戻す!?」。そんな難しい仕事が私にできるのだろうか。逃げ出したくなった。しかし……。

かつて学級担任として向き合った不登校の子どもたちを思い出していた。どの子も青ざめ、閉じこもり、世捨て人のようになっていた。親御さんもまた暗く、憂い、涙ぐむ。

不条理です。学校に行かれないというだけで。切なすぎる現実を嫌というほど見てきた。逃げ出そうとする私と、一方でそれを許せない私がいた。二人の私が、私の中で責めぎ合った。

子どもがいてこそ学校です。子どもが学校から消えるようでは学校とは言えない。自分で自分を鼓舞する。

学級に戻してやれるという自信はなかったけれど、別室登校に誘うことならできると思いました。憂いに満ちた生活を送っている子どもたちを、陽の当たる世界へひっぱり出し、笑い声を上げてすごせるようにしてやれたらと考えた。

いつまでも悩む自分が嫌いな私は、迷いを吹っ切るように「やるしかない」と決断し、覚悟を決めました。

これは、私の教師人生最後に行った〈不登校支援〉の記録です。

〈診断論〉と〈処方箋〉

担任の時には気づかなかったことがあります。それは「不登校の子は体調の悪さにひどく苦しめられている」ということでした。発熱・頭痛・腹痛・吐き気・食欲不振・喘息など……。とりわけ学級復帰をめざし始めると、とたんに様々な症状に襲われた。一人ひとりの子と密着してすごす中で知った事実です。その苦しみようは半端ではなく、それが目の前で毎日のように繰り広げられた。担任の時にも少しはわかっていたつもりでした。しかし、これほどとは。

実際、担任は不登校の子どもたちが苦しんでいる場面を見る機会は少ないのです。時に「仮病」と疑う人もいますが、それではあまりに可哀想すぎます。仲良しの友だちでも、その子に不登校の経験がないと、なかなか理解してもらえない。せめて親御さんや教師は「わかってやってほしい」と私は思う。

苦しんで、苦しんで、それを克服しながら学級復帰は可能となりました。私のようなサポートする存在がいても大変だったのですから、自力だけで克服するのはとても難しいことだと思う。

出会った子どもたちは、どこにでもいる、ごく普通の子どもたちばかりでした。ごく普通の子が苦しんでいた。いまは、ほんのちょっとしたことで誰もが不登校になる危うさがあると感じています。

支援するには、〈診断論〉が必要でした。〈診断論〉とは、「なぜ、不登校になってしまったのか」という一人ひとりの事情や背景を見ながら、原因をドンピシャ探り当てることです。学力不振・イジメ・親の偏愛・家庭の事情など、それぞれの子には不登校になるきっかけや原因がありました。

この本では、その原因について、できるだけ具体的に記しました。程度の差はあれ、同じような原因が子どもたちを追い詰めていました。その中から、一般化できる問題点も浮かび上がってきました。「ここに問題がある」というのに、別のところを問題視していたら、解決へは向かいません。医師は聴診器をあてたり、様々な検査をして、「何の病気にかかっているのか」を診断します。〈診断〉に基づき、〈処方箋〉を出す。たとえ診断が正しくても、〈処方箋〉が的確でないと病気は治りません。優秀な医師は処方箋の出し方も上手です。

私が関わった中では、「集団イジメ問題」がもっとも大変でした。教師たちも、不登校のきっかけは集団イジメにあるとは考えていました。解決に向けて一生懸命取り組んではいたのですが、教師たちの〈処方箋〉はことごとく間違っていた。そのために解決できないでいました。

使える方法論・手立てを紹介

毎年のように中・高校生のイジメ死の問題が報道されます。悲惨です。報道がある度に心を痛めるのは私だけではないでしょう。イジメをどう考え、どう解決していったらよいのかは、学校だけでなく、社会的な大問題となっています。私も若い時はイジメ問題に苦しみ続けました。しかし、ある時から解決できるようになった。それは本文に詳しく記してありますので読んでいただくことにしますが、ずっと私に影響を与えてくれた人々のおかげです。その人たちの存在があって、今日の私がありますす。それまで勉強してきたことの積み重ねが財産となり、〈不登校支援〉はできました。しかし、どうしていいかわからなくなり、困る時もありました。そんな時には、私の周りにいる素晴らしい方々が助けてくれました。仮説実験授業研究会の方々です（※後注1）。

具体的な手立てや方法論、発想なしに、不登校の子どもたちを救うことはできません。この本では、面談のしかた、イジメやケンカを収める時の礼儀作法、保護者との付き合い方、中学校の実態など、「使える知識」を紹介しました。不登校はもちろん、学校で起きているトラブル全般にも役立つと思います。どんなふうに寄り添ったらよいのか、ヒントがいっぱい。親御さんにも参考にしていただけるような内容にしました。

この本は、私が支援を始めて最初に出会い、〈輝ける命〉をとり戻した美華さんの証言から始まります。

プロローグ　笑顔をとりもどした美華さんの証言

❖社会でうまく生きていくための秘訣を学ぶ

美華　堀江先生はやさしくて、厳しくて、やさしい。

堀江　どういうこと？

美華　甘やかしとやさしさは違うってことかな。やらなっきゃいけないことはやらせるし。一人ひとりをよく見てて相手に合わせる。「あの子は、ここまで言うとへこみそうだから言わない」とか、「大丈夫そうだから言う」とか、相手を見極めて言う。

　ほかの先生は全部に対して怒る。「なんで、みんなはダメなの？」と。一人ひとりの生徒をちゃんと見てあげなっきゃいけない。

「今日は無理、無理」と思っていても、「今日は行きなさい」と先生に言われると、行けちゃうんだよ。本当にツライ時には「無理しなくていいわよ。ここにいればいいわよ」。その時々の判断が的確。とにかく見極めがうまい。

堀江　でも私、「授業に行け」という言い方はしてないんじゃない。

美華　うん。「雪ちゃんに会いたくないの？」とか「雪ちゃんの顔を見に行ってきな」

とかだよね。「ほかの授業はいいよ。私の授業には出てね」って。

堀江　さっきの「やさしくて、厳しい」という話に戻るけど、普通は「やさしい先生がいい先生」って、イメージがない？

美華　堀江先生の厳しさというのは、「社会で役立つ厳しさ」。ほかの先生たちとは違う。「ソックスに線が一本入ってるからダメ」「（制服の）リボンをちゃんと縛りなさい」とか、そんなことばっかりだよ。そんなこと、どうだっていいじゃない。堀江先生は、そういうことは全然言わないで、人間としての生き方を教えてくれる。「この社会をうまく渡っていけるための知恵」をつけてくれる。

堀江　知恵。私、あなたに、そんなこと教えたっけ？

美華　校長先生とか来るじゃないですか。そうするとコロッと変わる。

堀江　「コロッと変わる」って、どういうの？

美華　だって、たとえば校長先生が美術室に入ってくると、「アラ。校長先生、どうも」、ニコニコみたいな。校長先生がいなくなると、「私、あの校長、イヤなのよ」って。コロッと変わる（笑）。社会でうまく生きるための秘訣的なものを、盗みとれる。

堀江　でも、私だって、やたらに生徒の前で言ってるわけではないわよ。あなただから、言えるんだけどね。

美華 先生が「こうしなさい」とか「私を見習いなさい」とか言うわけじゃないよ。先生を見て、私が学んでるの。「人には、ああいうふうに接するといいんだな」とか。堀江先生は、いい意味で先生らしくない。

❖心を開くとは

美華 ほかの先生は、生徒には一線を置く。壁を作って自分の弱いところは見せない。意地になる。生徒には謝らない。プライド高すぎ。尊敬できない人もいる。ただの威張ってる人。中身があってこその先生。堀江先生の場合は、自分をしっかりもってる。中身がある。ほかの先生は、「口先だけだな」とわかっちゃう。堀江先生は、自分の好きなことをやってて、生き生きしてる。

堀江 あなたたちの面倒をみるのも、好きでやってる。

美華 イヤイヤやられたら、こっちだって、すぐにわかる。だいたい学校の先生は暗い。生き生きしてない。人間らしさがない。ロボットみたいになってる。人間だから悪口だって言うだろうし、寝坊だってするだろうし、そういうところも見せなっきゃいけない。そういうところを見せてくれるということは、生徒に心を開いていること。生徒を信頼してること。信頼されてるんだなと思うと、「先生だから言うけど」みたいになる。

堀江　どうして、私の「コロッ」みたいなところを学ぼうと思ったの？

美華　私、2年生になって、芸能活動をするようになったじゃないですか。私は嫌な人がいると、すぐに顔に出ちゃうほうなんです。「それじゃ、いけない」って、プロダクションの社長に怒られる。先生はポーカーフェイス。表情を隠せる。「すごい大人なんだな」と思う。それは、生きていくための秘訣。世渡りうまいよ、先生は。協調性がある。悪くいえば、ずる賢い（笑）。

堀江　よくわかったね。

美華　わかるよ。3年も付き合ってるんだよ。
社長に言われても、どうしたらいいかわからないじゃない。「エッ〜」と思って、そのことを担任に言ったとしても、「その人のことも好きにならないといけません」って返ってきそうで、聞いてもしょうがない。先生は身につけてるというか、人生経験豊富だからすごいよ。口がうまい（笑）。褒めて、褒めて、ちょっと注意して、また褒める。

堀江　そういうのは、どういう時に感じるの？

美華　選択授業の時なんかに、騒いでいる人がいたりするじゃないですか。たとえば、「梅沢さんは、元気で明るくて素晴らしい。でも、いまはちょっと静かにしてくれる？　でも、みんなを元気づかせてくれるいい人ね」みたいな。
堀江　「口がうまい」というのは、普通は褒め言葉ではない（笑）。
美華　口がうまくなかったら、生きていけないじゃん。話していてたのしい人は、口がうまいんだよ。頭の回転が速い。ずる賢くって、ハキハキしてて、サバサバしてる。そういう人が好き。

❖〈必要とされる存在〉でありたい

美華　掲示物作りもやらせてくれて、活躍の場もつくってくれる。「必要とされている」ということが一番大事。必要とされたい。感謝されたい。

担任の先生は教科書通りの先生。「正しい教師になるために」みたいな先生。「また不登校の子が増えた。どうしよう。どうしよう。とにかく教室に行きなさい」。必死すぎてイヤ。放っておいてほしいのに。放っておいてくれたら、そのうち行くのに。

堀江先生は教科書なんてビリッと破っちゃうような先生（笑）。「教科書なんて知らねーよ」みたいな。枠にはまらない先生。だって、そんなカワイイ恰好した先生、いないよ。

アイドルなんて、みんなスゴイですよ。お客さんの前では仮面かぶってて、控室に入るとタバコ吸ってる。足踏まれたり、いろいろやられてるよ、私。「ブサイク」、「死ね」とか言われたり、悪口書かれたこともある。社長には、「おまえ、やる気ないんなら、帰れ」とか、「やめろ」って言われたりすることもある。

堀江　苦労してるんだ。でも、仕事はほしいし、世渡り上手になりたいわけだ、あなたとしては。

美華　うん。それで、どうしていいかわかんなかったけど、「堀江先生に学べばいいんだな」って気づいたの。私、学んだよ。

堀江　そうだったの。ぜんぜん気づかなかった。

美華　「ずる賢い」というのは、褒め言葉だと思います。堀江先生は、生徒にも本当の姿を見せる。そこも違う。だってさ、向こうがスーツ着て、いきなりピンポーンってやったら怖いじゃないですか。先生が裸で、「ア・ソ・ボー」みたいな感じできたら、こっちも「イ・イ・ヨー」ってなる。先生が先ず心を開いて「カモン」をしないと、生徒は来ない。

❖学校での勉強に意義が見出せなくなる

堀江　仕事をしていく上で、ほかに気づいたことある？

美華　なんだろうな。問題が起きた時に、謝れないとダメですよね。「でも、でも……」なんて言ってると、「帰れ」って言われる。「すみませんでした。申し訳ありませんでした」っていえないとダメ。

先生たちってつまんない。公務員で安心してるんじゃない？　社会では通用しない。でも堀江先生は芸能界でもやっていけるよ。プロデューサーになれる。マネージャーだったら、敏腕マネージャーになれる。いい子見つけてきて、売り込みが上手そう。

堀江　成長したね。いつ頃からそうなったの？

美華　それまでは個人で活動してたんですけど、プロダクションに入って3年の8月から社員になったんです。社員になってから違った。ちゃんと仕事し始めるようになった。社長から怒られるようになってきて、厳しさを知って真剣に考えるようになった。「誰をお手本にして生きていこうかな」って考えるようになったんです。

堀江　でも、怒られたら嫌になって辞めたくならなかった？

美華　辞めようと思ったこともある。ツライことばっかりだった。でも、どうしてもやりたい。夢だから。急に成長できた気がする。

堀江　さっき「校長先生が来るとコロッって変わる」って言ってたけど、校長は校長なんだよね。私だって完璧な人間ではないから、何かでしくじるかもしれないじゃない。校長というのは、外に向かっては謝ってくれる存在なの。最悪の場合は一緒にクビになる人。あなたを雇ってる社長のところにも、苦情がいったりするんじゃないのかな。どんな嫌な上司でも、自分のことで責任をとってくれる人だと思うと、おかしな態度はとれないよね。

美華　私たち18歳未満は、夜9時までしか働いてはいけないんです。でも、ある時、長引いちゃったことがあったんです。私のヘマで事務所のイメージを変えちゃったらいけないから、いろいろ気をつけています。

堀江　それは偉い。

美華　フツーの中学生と話していてもつまらなくなっちゃった。学級に入って無理して愛想笑いしてたら、ここ（口許）にシワができちゃって、もう大変（笑）。みんなガキ。みんなで連れ立って、10人くらいでトイレに行って髪直したり、バカみたい。「一人で行動しろよ。自立しろよ」って言いたくなっちゃう。最近は、学校の勉強にも疑問をもつようになった。「こんなこと学んで何になるの？　役に立つの？」って。意味ないいんじゃない。

堀江　今の中学校でやってる勉強なんて、現実的には意味ない。役に立たない。

美華　エッー。学校の先生で、そんなことを言う人いないよ。

堀江　高い点数がとれる人が世間で通用する人かというと、違ったりする。いま求められているのは、知識よりも豊かな発想や創意工夫ができるかどうかだったりするでしょ。あなたが気づいたように、「気配り」も大事になってくる。わかった。もう無理してクラスに入るの、やめな。シワシワになっちゃったら、モデルの仕事にさしさわるじゃない（笑）。本当に成長したね。サナギがチョウに変態したみたいに美しく成長した。

美華　ほんとに？　私、成長した!?　うれしいな。

（美華さん3年生の1月の会話から）

第1章
不登校支援という仕事

1 別室登校の子を学級に入れよ

❖〈税金ドロボー〉になりたくない

「あなたは〈カハイの人〉です」と、着任した時、学校側から言われた。

一瞬「ハカイ（破壊）」と言われたかと思い、ドッキリ。カハイは「加配」で、教職員の定数に一人プラスされた〈不登校支援〉の仕事をする教員のことだった。

その学校では初めての取り組みになるということで、県から担当者が来校。関係職員で話を聞きました。県は、次の2点について制約を設けていました。

①不登校支援教員には学級担任をさせてはならない。
②授業時数は12時間を限度とし、それ以上持たせてはならない。

以上のことに違反すると、一人分の給与を県に返還しなければならなくなることもあるので注意すること。

衝撃が走った。「一人分の給与を返還」。担当者は学校側に言ったのであり、私に向けて言ったわけではない。しかし私は、その言葉を自分自身に向けた。「税金から、一人分余分に給与が出されている」。その事実が重くのしかかった。役割を果たせなかったら、私は〈税金ドロボー〉になってしまうではないか。公僕の一人として、それに見合った働きをしなければと、身がひきしまった。

具体的に提示された方針は、次のようなものであった。

①相談室を２室つくる。

「相談室１」はスクールカウンセラーの部屋とし、そこでは心の相談を行う。「相談室２」は学習室として整備し、そこで不登校支援教員（私）を中心に、学級に入れない子どもたちの学習指導をする。

②各教科担任に空き時間を利用して学習指導をしてもらう。

不登校支援教員（私）はプランナーとなり、その割り振りを行う。空き時間が多いからといって一人で面倒を見る必要はない。

一言でいうと、「校内に〈適応教室〉をつくり、支援教員はその中心になって〈学習指導〉せよ」ということでした。

ここで、おおいに疑問をもった。別室登校の子どもたちはどの子も精神的に不安定な状態にある。学習以前の状態にある子どもたちに、「心の問題はカウンセラーで、学習は不登校支援教員を中心に」などときれいに割り切れるものなのか。

私以外の教師は、授業の持ち時数も、仕事も多い。貴重な空き時間を割いてまで真剣に関わってくれるものなのか。たとえ教師にその気があったとしても、入れ代わり立ち代わりする教師たちに、子どもたちが心を開いていけるものなのか。

❖深刻化しないうちに救出してやってほしい

〈不登校支援〉の加配教員は、県内の3分の1の中学校に置かれていることがわかった。

県の担当者との話し合いの最後、2年学年主任の早苗氏から質問が出された。「家にひきこもり状態の子どもたちの指導はどうするのですか」と。

・ひきもりの子どもたちは各担任が面倒を見る。
・場合によってはカウンセラーにも協力してもらう。
・不登校支援教員の対象は、あくまでも別室登校の子どもたちであり、学級に戻す仕事をする。

アッ。これは意外！　ひきこもりの子も、私が面倒見るのだとばかり考えていた。ずいぶんと思い切った方針だ。なぜ？

おそらく、〈別室登校〉をいわば〈軽度不登校〉とみているのでしょう。ひきこもりの子を登校させるのは至難の業。しかし、〈軽度不登校＝別室登校〉の段階で対応すれば、学級復帰の可能性は高くなる。「〈軽度不登校〉の子どもたちに対応せよ」というのでしょう。

「どうか、深刻化しないうちに救い出してやってください」という強い意思を感じた。心打たれる。疑問ももったが、心打たれる話も聞けて有意義な会であった。

❖〈学校〉ならではの魅力とは？

今の学校は、必ずしも理想的な姿とはいえないでしょう。それでも、家庭では得られない魅力が〈学校〉にあるとしたら、それは何なのか。「〈学校〉に来る意義、〈学級〉ですごす意義とは何か」を必死で考えた。私は子どもたちに「学校においでよ」と、心から言ってやりたかった。

「学校には大勢の人たちがいる。集団の魅力が学校にはある」。生徒同士・教職員・保護者・お客様・人と人とのつながり……。集団で必要不可欠となるのはコミュニケーション。仲良しの子もできれば、厭な子だってできる。思い通りになることも、思い通りにならないことも起きる。世の中で生きていくということは、そういうことの連続です。〈雑草魂〉のようなものは、家でひとりぼっちでいたら育たない。人は人の中で育つ。

折りにふれ私が考えていたのは、豊かな社会に、いまの学校制度が合わなくなっているのではないかということでした。

「規則、規則で縛らずに、もっとゆるやかな枠組みの中で、学校が気らくにすごせる空間になるといいな。〈たのしい授業〉が受けられて、好きなことに打ち込める。必要とされる仕事があって、誰かの役に立つ自分がいる。何よりも、そこには仲良くできる友だちがいて、イジメはない。そうしたら、そこは〈たのしい学校〉となるはずだ。〈たのしい学校〉がつくれたらいいな」なんてことを以前から考えていた。

「別室登校の子どもたちが集う場所はいかに?」と考えていたら、そこに重なっていきました。

常識や前例、規則、形などといったものにとらわれていてはうまくはいかない。その時々、その子に最も適した方法を考え、一人ひとりに合った対応を考え、動くしかない。

「一人ひとりの子の元気をとり戻す仕事」、そう考えると〈不登校支援〉はとても意義ある仕事に思えてきました。その後、私は「これは」と思う子を見つけては全力投球していくことになります。「全身全霊、魂込めてあなたを支えます」と心に誓ってサポートした。

子どもの「輝ける命」がかかっている。中途半端な気持ちではできない。やる気モードにスイッチが入った。ヨシ、ヤルゾ!

2 〈好きなこと〉を見つける

❖ 美華さんとの出会い

赴任した学校には、旧知の教職員が一人としていなかった。孤独からの出発となりました。所属は2年。「何から始めたらよいのか。そうだ。保健室に行ってみよう。対象になる子がいるとすれば保健室だ」。毎日保健室に顔を出す。

いました！　真っ青な顔をして肩を震わせ、うずくまっている少女が。ピカピカでブカブカの制服。その様から、入学式を終えたばかりの1年生だとすぐにわかりました。聞けば、小学校6年生の時から不登校だったという。

名は美華さん。美華さんがどうして不登校になったのかはよくわからなかった。感受性が鋭く繊細で、弱々しい子であった。美華さんは少しずつ話をしてくれるようになりました。「絵を描くことが大好きな子」でした。小学生の時に描いた絵を見せてくれた。うまい！

美華さんの支援は絵でできる。ただ、私は1年生の美術を受けもっていなかった。残念。美術部を立ち上げるしかないか。だけど、普段の私は部活動をできるだけ避ける。放課後は早く家に帰りたいもの。どうする？

　しかし、目の前には震えている少女がいる。彼女は毎日絵を描けたら、きっと学校に来られる。学級にも入れるにちがいないと思えた。好きな絵で〝笑顔〟を見たかった。放課後の活動を億劫がる、普段の私はどこにもいなかった。美術部を立ち上げた。

❖大好きな絵で活気づく

「美術部では何をやりたいの？」と美華さんに聞くと、「本物そっくりに絵を描きたい」と言った。オオッ。〝キミ子方式〟の出番だ。〝キミ子方式〟というのは松本キミ子さん（美術の授業研究会代表）が考え出したもので、三原色を使ってリンカク線をとらずに絵を描く方法である（※後注２）。誰もが上手に、たのしく絵が描ける。松本さんに密着して学んできた私には、リアルに描く絵には自信があった。

「リンゴを描いたらリンゴに見えないといけないのね。〈ウワー、上手。トマトでしょ〉なんて言われたら困るわね」と言うと、「そうそう」とケラケラ笑う。ほかの部員たちも「本物そっくりに絵を描きたい」と言いだした。本物そっくりに描く絵ならまかせてよ！

美華さんは保健室ですごし、放課後になると美術部にやって来た。同じクラスの友人、雪さんといつも一緒だ。〈色作り〉から始めて、〈ハルジオン〉〈自転車のある風景〉などを描く。その度に、誰よりも喜んでくれた。会議などで私がついてやれない時にも、二人で絵を描いてすごすようになった。

❖ すごい、1か月で学級に入れた！

ゴールデンウィークがあけた頃には、美華さんを保健室で見かけなくなった。学級ですごせるようになっていたのです。「1か月で学級に入れた！」。すごいなあ。私は感嘆してしまいました。できたじゃない、私にも。

うなだれて震えていた日々は嘘のよう。美華さんは顔を上げ、まっすぐ前を向いて歩いています。太陽の下、元気に笑い声さえ上げて。ほかの誰よりも美術部の活動には熱心で、「こんな絵も描きたい」「あんな絵も描きたい」と提案してくる。美術部は彼女を中心に軌道に乗っていきました。

1学期終業式の日、担任と1年学年主任の拓哉氏からお礼を言われた。少しずつ教師仲間にも入れてもらえるようになる。

さて、心細く始まった私の不登校支援でしたが、最初のスタートを絵〝キミ子方式〟からきれたこと。それで成功できたことは大きな力となりました。それまでの私は、生徒側のことばかりを気にしていました。「一人ひとりの子の好きなことを大事にしよう」と。

しかし、考えてみると、教師側、私自身の得意・不得意も気にしなければならなかったのです。もしかしたら、生徒側以上に気にした方がよいのではないかと思うほどです。生徒側と教師側と、その両者の〈得意〉や〈好き〉、〈たのしい〉がうまく重なった時に、美しいハーモニーが奏でられることを発見しました。

3 優先すべきは〝形〟より〝人〟

❖「保健室に立ち寄って、すぐに帰る」はズルイのか？

ゴールデンウィークあけの職員室で、こんな会話を耳にした。
「まったく。病院に行った帰りに、ちょこっと保健室に顔出して、養護（教諭）にあいさつすると、すぐに帰っちゃうのよ。あれじゃ、出席日数だけ稼ぎに来てるみたいじゃない。ズルイわよね」

2年学年主任の早苗氏でした。オヤオヤ、「ズルイ」なんて思われている子が2年生にいるのか。養護教諭に聞いてみると、次のようなことがわかった。

千春さんという。2年時に行われた学級編成替えの結果、同じクラスに親しい友人がいなくなったのがきっかけで不登校になった。喘息が出ると病院に行き、その帰りに保健室に立ち寄り、挨拶するとすぐに帰る。

たった数分立ち寄るだけでも出席扱いとなる。しかし、その行動が「ズルさ」からきているとは、とうてい考えられませんでした。彼女にとっては、それがせいいっぱいの表現ではないのか。「本当は私、学級に入りたいの。だけど、入れないの」

という声が聞こえてくるようでした。たった数分でも、そうした彼女の行動に、私は希望を見出していた。

❖「出る授業」と「出ない授業」があってもよい

5月半ば、養護教諭が千春さんを美術室に連れて来てくれました。養護教諭の腕の中で「帰る、帰る」と暴れる彼女に、「あなた、美術遅れてるよ。私、教えてあげる。さあ。入って、入って。一緒にやろう」と語りかけた。

空き時間だった。2年生が制作している〈貝のレリーフ〉を一緒に始める。三原色の超軽量粘土を使って巻き貝を作る。千春さんは午後までいて、ポツリポツリとこんな話をしてくれました。

「仲良しの友だちは部活の人たち。1年生の時は、同じクラスに何人もいたんだ。それなのに先生たち、ひどいよ。全員バラバラにしちゃうんだもん」

初対面なのによく話してくれたなと、私はうれしかった。

この日、美術室には先客がいた。3年生の潤君。潤君は小学校1年生の時から勉強が嫌いで不登校に。中学校では、1年学年主任の拓哉氏（体育）が体育教官室に入れて面倒をみていた。

「今日は校長先生のペンキ塗りを手伝って、体育は出てやった。国語も時々出てやってる」

「出てやった」という恩着せがましい、威張ったいい方がおかしくて私は笑ってしまった。関係の良好な教師の授業には出ているようだ。千春さんは潤君とすごす中で、「出る授業と出ない授業とがあっても許される」ことを学んだ。

翌日、千春さんは「保健室が歯科検診中だった」と言って、自分から美術室へやって来てくれました。午後まですごし、帰りの会と図書委員会に出た。部活動には喜んで行った。出会って2日目。彼女にも〈出られる場〉があることがわかった。希望が現実的なものとして見え始めてくる。

3日目。この日、彼女は早苗氏に連れられて来た。ちょうど「選択美術」の時間で、〈万華鏡作り〉をしている時だった。中へ入れようとすると「ヤダヤダヤダヤダ」とダダっ子のように暴れた。しかし1日目の経験から「大丈夫」と踏んだ私は、強引に美術室に入れた。同じ部活の子どもたちもいて、後ろの席からしきりに語りかけてくれた。表情が和らいでいく。

友だちがいる「選択美術」と「選択音楽」には出られるようになった。

❖〝あるべき姿〟ではなく、〝ドン底だった時の姿〟から見る

　しかし、その他の出られない時間は、どこで、どうしてすごしてもらうのか、それが問題だった。県からは「相談室で空き時間の教師を割り振り、〈学習〉指導せよ」と言われている。けれど、学習以前の問題が大きいと感じていた。ほかにも気になることはあった。「クラスに友だちがいなくなったから」と言うけれど、それだけなのか。心に痛みをもっていることは確かで、それがどこから来ているのかわからなかった。

　喘息を抱えている千春さん。相談室は美術室から遠い。私だって授業をもっている身。度々は行ってやれない。大事にされなければならないものは〝形〟なのか。〝形〟よりも〝人〟ではないのか。その子に合ったもっともよい方法があるならば、それが採用されてしかるべきだ。

　美術室と美術準備室を使うのがベストだと考えた。たとえ私に授業が入っている時でも、準備室にいてくれれば、体調が悪くなってもすぐに気づいてやれる。ただ、県の勧めるやり方と違うわけで、校内から不協和音があがることは必定。それでも私には、うまくいきそうにない方法をとることはできませんでした。

早苗氏から担任に、こんな指示が出された。

「選択教科や委員会活動に出ていても、ほとんどの授業には出ていないのは問題だ。それを親は知らない。親にも知らせるように」

私が知った時には、担任の直樹氏がお母さんに電話をかける寸前であった。直樹氏も全部の授業に出られない千春さんのことを憤っていた。

なんてことだ。「ほとんどの授業に出てない」のは事実だけれど、まったく登校できなかった時から見たら、いまは毎日登校して午後までいる。少しは参加できるものもできた。こうした変化を評価してやってほしい。〝あるべき姿〟から見てはいけない。原点に立ち返ろうよ。原点とは〝ドン底だった時〟のことである。

しかし、下手に動けば早苗氏とトラブリかねなかった。「この仕事は平和主義で行く」と決めている。職員間の「平和」を守らなかったら、うまく動かなくなる。

❖〝担任に協力してもらうため〟にしたこと

電話で否定的な報告を受けたら、お母さんは追い詰められ、娘をなじるかもしれない。そしたら、千春さんはまた来られなくなってしまうのでは？　どうしよう。頭を巡らせる。電話をかけることも、現状を報告することも間違ってはいない。む

連絡メモ

① 出られたもの；選択美術／選択音楽／図書委員会／部活動　／帰りの会

② 自習ができる；英語　／ 読書 ／ 作図

③ 部活の友だちとの付き合いは良好。

お母さんも、授業に出てないことを否定的にとらえるのではなく、
いい方向で動きつつあることの方を評価し認めてやってほしい。

☆学校にいると、明るく元気になり、顔色もよくなる。
学校ですごす時間が少しずつ増えている。
そういう中から、ふとしたきっかけで、
本格的に授業に入れる可能性を感じる。

しろ遅いくらいである。ここで大事なのは「明るい方向に進んでいます」という感じで報告することだ。これは担任次第。大丈夫だ。善は急げ。

　急いで直樹氏と話す。電話で話しやすいようにと、その場でメモ（上記）を作って渡す。

　直樹氏はメモ通りの内容で電話をしてくれました。よかった。胸をなでおろす。

　もう一つ大事なことがありました。お母さんは私

の存在をまだ知らない。お母さんと直接つながりたかった。

「〈支援教員の堀江と話す機会を設けましょうか〉と言っていただけませんか」と直樹氏に頼んでみた。

うまくいきました。ピンチをチャンスに変えることができた！

❖友だち作りの〝お仲人さん〟をする

学校にはランチルームがあり、2年生は2クラスずつ、ランチルームで給食をとることになっていいた。座席は自由。自由は素晴らしいことです。しかし自由ほど、時に残酷なものもない。途中から加わろうとしても、すでに仲良し同士で固まっていて、中に入り込むことは難しい。

千春さんは一人ではランチルームに入れなかった。しばらくは私が一緒に食べていた。すると、いろいろな子が彼女に声をかけてくる。「友だちができない子ではない」と感じた。いつまでも私がついていたのでは、彼女の自立を阻害する。一人で食べることを促す。

ほどなく、彼女は隣のクラスで同じ部活の子と一緒に食べるようになった。これで給食はクリア。しかし、課題がもう一つありました。「昼休み」です。聞けば、一人でポツンと読書してすごしているという。それでは寂しいよね。つまらないよね。同じクラスの中で仲間を見つけるのがベストである。しかしいない。一緒に給食を食べている子に頼む。成功！

友だちがいないと、学校（学級）の中に居場所は作れない。友だちが居場所となってくれるのだ。とりわけ女子には、その傾向が強い。私も〝女の子〟だからよくわかるのです。自分で友だちを見つけられない子には、私が〝お仲人さん役〟をかって出る。

5月下旬からは、もう昼休みも一人ではなくなった。

なぜ、私が〝お仲人さん〟になってまで友だち作りの応援をするのか。それは〈自立〉の問題と関係しているからです。次の二つのことを、私は常に気にしています。

①子どもには子どもの世界がある。
②〈自立〉が大事。私の存在がなくても校内で生活できる。これが一番の望み。

親を亡くしたり、負傷した動物が発見された時、動物園では職員が親代りになって育てることがあります。職員の人たちは常に野性に戻す時のことを念頭において育てる。動物には動物の世界がある。子どもには子どもの世界がある。別室登校ですごす子を教室に戻すことは、動物を森に戻すようなものなのです。

しかし、森には危険がつきまとう。「子どもは野におけ」と言ったって、むやみに手放したら元も子もなくなります。多少の危険は乗り越えられるだけの環境を整え、力をつけてやらなければ自立はできない。その見極めができた時に、学級という森に戻します。「たくましく生活してほしい」という願いを込めて。

❖山あり谷あり

さて、千春さんと関わって1週間。その日は画期的な日となりました。「朝の会」から「帰りの会」まで、ずっと学級ですごせたのです。授業も全部出られました。翌日も。喘息も出なかった。しかし、順調にはいかなかった。

6月のはじめには臨海学校がある。千春さんは臨海学校が近づくにつれて具合いが悪くなっていった。喘息・発熱・頭痛・腹痛・吐き気など、私の目の前で様々な症状が現れた。授業に出られる状態ではなかった。結局、臨海学校には行かれなかった。その後、3日間休み続けた。「ア〜ア。せっかくいいところまで来ていたのに」とガックリ。

ところが、わからないものです。3日間休んだ後は、毎日「朝の会」からずっと学級に入れるようになったのです（喘息の調子が思わしくない時には保健室ですごすこともあったけれど）。

私が関わって1か月。その頃には、もう私のところへは来なくなった。私とすれちがうと、はにかむように微笑む。「先生、私はもう大丈夫」というように。

しかし千春さんの完全解決には、お母さんの協力が不可欠でした。それについては「第6章　母子関係に苦しむ子どもたち」（132頁）で紹介します。

4 過去の子どもたちに学んだもの

〝昼休みだけ登校〟をして卒業した子

❖突然、学校に来られなくなった弓子さん

〈不登校支援〉を始めるようになり、私が最初に拠り所としていたのは、担任時代に出会った生徒との経験でした。10年ほど前に遡ります。

クラスには弓子さんと圭一君という、二人の不登校生がいました。弓子さんは3年生の1学期まで元気に登校していた。ところが2学期になると、突然学校に来られなくなってしまった。原因がわからなかった。ショックでした。家庭訪問すると、「私は学校の授業についていけない。わからない。受験勉強もできない。私に入れる高校はない」と悲しそうな目で訴えた。

勉強は真面目にやっているのですが、どうしても点数がとれない。高校進学を希望していて、欠席日数が増えていくことを気にやんでいた。

私は彼女に別室登校をすすめてみました。「保健室ならば」と承諾してくれたのですが、2日間通っただけで、また学校に来なくなってしまった。「保健室にいると、いろいろな先生に〈どうしたの？〉と聞かれる。それが嫌だった」と話してくれた。教師たちは心配して言ってくれるのですが、やっとの思いで来ている彼女には負担でしかなかったのでしょう。

保健室以外の部屋への登校もすすめてみましたが、どれも拒否された。打つ手なし。無力感にとらわれながら、「どうしたら、来られそうかな」と聞いてみました。そしたら、ビックリ！

「先生、私、昼休みだけ教室に入ってもいい？　それで、友だちと遊んで帰ってもいい？」

と言ったのです。

昼休みだけ教室に入って遊んで帰りたい⁉　そんなことを考える子がいるのか。驚天動地！　しかし、このとき私は手詰まり状態だったものですから、彼女の申し出を認めることにしました。

ところで、もう一人の不登校生、圭一君も勉強が大嫌いな子でした。家庭訪問をした際に、弓子さんの話をしてみました。すると、「エッー。それでもいいの。それならボクも行ける」と言って、昼休みに登校するようになった。さらに5時間目も、教員用の「3年学年室」で自習してから帰るようになった。

圭一君には、豊君という別のクラスの不登校の友だちがいました。彼も圭一君に誘われ、昼休み登校を始めた。ところが、豊君は登校するたびに担任から「4時間目から来い」と言われていた。「大丈夫かな？」と、私はハラハラする思いで見ていた。昼休みだけだって、やっとの思いで来ているのです。「あまり言うと、来なくなるかもしれない」と危惧した。

やがて豊君は、学校に来なくなった。「ここまでできたら、その先も」と望むのは危険だと、この時はっきり知ってしまった。

❖弓子さんから学んだ、二つのこと

友人の山路敏英さん（当時東京都中学校、現在明星大学講師）は、「堀江さんはよく〝昼休みだけ登校〟を認められたよね。なかなかできないことだよ」と褒めてくれる。さらに、こんな気になることも言った。

「だけど、たとえ担任が認めたとしても、普通は教師集団が許さなかったりするんだけど……」

そう。ワキから横ヤリが入るなんてことはおうおうにしてあります。しかし、この時、横ヤリはいっさい入りませんでした。なぜでしょうか。

世間ではあまり知られてないのですが、実は中学校では（高校でも）、学年主任がどういう人かによって、ずいぶんと学年の方針や動き、雰囲気が変わることがあるのです。この時の学年主任、正和氏が素晴らしかった。42歳の若い方でしたが、万事おおらかに学年運営してくれていました。生徒からの人気もある方で、最初から「いい、いい。昼休みだけでも来てくれればいいですよ」と言い続けてくれていたのです。

この〝昼休みだけ登校〟をきっかけに、弓子さんの学校滞在も少しは広がりをみせるかと期待したのですが、実にさっぱりしたもので、彼女は本当に昼休みだけの登校を続け、卒業していったのです。

しかし、仲良しの友だちと毎日会うようになった弓子さんは、ピンク色に頬を染め、笑みを浮かべるようになりました。笑顔を見るたびに、「授業には出られなくても、元気ならいいや」とつくづく思ったものです。

弓子さんのケースから、私は二つのことを学びました。

①不登校の理由からその対応まで、人それぞれ、千差万別だ。
②一人ひとりの子どもの好きなことを大切にするとよい。

たいがいの子は「授業に出てないのに、休み時間だけ教室に入るなんてことをしたら、みんなにどう思われるだろうか」と気になってできません。

勉強は大嫌い。でも、友だち付き合いが大好きだった弓子さん。この時の経験が、その後の〈不登校支援〉にもつながっています。

第2章 イジメで苦しむ子

1 たった一人の正解者

❖人はどうしてイジメたり、イジメられたりするのですか？

〈イジメ問題〉では、私もずいぶんと苦しめられてきました。しかし、33歳の時に突破できたのです。

クラスに千恵子さん（小5）という子がいました。家が貧しくて子沢山。一家中が「汚い、臭い」とイジメられ、差別の対象にされていました。いまほど社会保障が充実されてない頃の話です。

秋の保護者参観授業でのことでした。理科の授業で、「蛍光灯の光を虫めがねで集めることはできるか？」という問題（仮説実験授業《光と虫めがね》より）を出した時のことです。多くの子は、光は「丸い点のように集まる」と予想した。太陽光を虫めがねで集めると丸い点のように集まるからです。「蛍光灯と同じような細長い形に集まる」と予想したのは二人だけでした。そのうちの一人は多数派に予想変更してしまう。

千恵子さんだけが一人残されました。お母さんたちも見守る中、実験が行われた。

「オオッ〜」。どよめきが起こった。映し出されたのは、「細長い蛍光灯の形」だったのです。

その瞬間から、みんなの千恵子さんを見る目が変わりました。千恵子さんを尊敬するようになったのです。「たった一人でも、最後までがんばれてすごい！」と。

その思いをずっと大事にしてほしかったので、私は授業記録をとり、学級通信にも載せました。それも効を奏して、千恵子さんへのイジメは消え、クラスみんなが穏やかな気持ちですごすようになりました。

博美さんという子がクラスにいました。博美さんは、イジメられている千恵子さんのことを、いつも「かわいそう」と心配してくれていました。千恵子さんの活躍を誰よりも喜んでくれていたことは言うまでもありません。博美さんは授業後、まっすぐな目で私にこんな質問をしたのです。

「人はどうしてイジメたり、イジメられたりするのですか？」

私は答えに窮してしまいました。しかし、その根源的な問いに、私は心を揺さぶられてしまった。「知りたい！」と思った。

2 イジメは正義から起きる

❖板倉聖宣先生に聞く

私はいろいろな方に学んできています。中でも最大の影響を受けたのが板倉聖宣先生（仮説実験授業研究会代表、当時国立教育研究所）です。

「人はどうしてイジメたり、イジメられたりするのですか？」

この根源的な問いに答えていただける方がいるとしたら、板倉先生以外には考えられませんでした。ほどなくして板倉先生にお会いする機会がありました。

板倉先生からは、考えもしない言葉が返ってきました。

「人は〝正義〟でイジメるんだと思うよ。それは誰かから見れば、〝イジメ〟ということになるんだろうけれども、本人からすれば〝正義感〟でやってるというのがあるんじゃないのかな」

人は正義でイジメる——？　理解できませんでした。だって、イジメというのは「意地悪な心」や「悪い心」から生まれるんじゃないの？　あまりに常識からかけ離れている言葉に、私は？？？

板倉先生の話は続きます。

「汚い子をイジメるのは、〝キレイになれよ〟という意識がすごく働いている。〈まだ、こたえてないじゃないか。これだけイジメられて、どうしてまだキレイになれないのか〉と」

話題が具体性を帯びてくると、ふに落ちるものがありました。次第に私は、引き込まれていきました。

「学校の先生も同じ。〈何度も言ってるのに、どうして勉強してこないんだ！〉と言うでしょ？　それは〈こんなにイジメてるのに、どうして勉強してこないんだ！〉というのと同じことですよ。それを言う先生のほうには悪意なんかない。悪意がないから続くんだと思うよ。悪意があったら、自分で自分が嫌になるもん」

「宿題」で考えてみました。そう。教師は「よかれ」と思って宿題を出しているのです。つまり〝善意〟であり、〝正義〟です。しかし、子どもたちの側に立って考えてみれば、教師によるイジメとも言えます。だって、やっていかなければ叱られたり、居残り勉強させられたり、罰が与えられたりすることもあるのですから。ようやく合点がいきました。

3 「正義から起きる」に違和感あり⁉

〈イジメは正義から起きる〉について、「目からウロコですね。これからは私もイジメ問題をうまく解決できそうに思います」と喜んでくれた若き同僚がいた。仮説実験授業研究会の方々からもよい感触を得ていた。私自身、イジメをうまく解決できるようになったこともあり、この言葉に疑問を抱くことはありませんでした。しかし、こうした表現に〝違和感〟を感じるお二人の方がいた。ただ、それは〝反論〟ではなく、この考えを認めた上で、危惧してくださったのです。

一人は犬塚清和さん（当時愛知県中学校）です。

「〈正義〉でイジメるばかりなのかな。おもしろがってイジメてるとしか思えないものもあるんだよね。それはどう考えてるの？」

もう一人います。山路敏英さんです。

「〝イジメは正義から起きる〟と言われちゃうと、抵抗ある人がいると思う。〝イジメは正義から起こりうる〟くらいの感じだと抵抗がないのかもね」

「イジメは100％正義から起きるのか」と問われたら、そんなふうには考えていません。「おもしろがってやっている場合だってあるんじゃないの？」と問われれば、それも否定できません。板倉先生だって「100％正義から起きる」なんて調子では言われていませんでした。しかし、この二つのことは、ずっと気になっていた。

❖イジメることが快感になる

問題意識をもっているとイイことがあります。「おもしろがってやる」が突然わかったのです。中野信子さん（脳科学者）によって。テレビのインタビュー番組で、脳内物質（ドーパミン）と〝イジメ〟との関係について中野さんが話した。衝撃的な内容だった。その後、中野さんは『ヒトは「いじめ」をやめられない』（小学館）という本を出版した。早速取り寄せる。〝イジメ〟と〝正義〟の問題についても触れていた。それに介在しているのは「快感」だった。『ヒトは「いじめ」をやめられない』（56頁〜62頁より引用）から紹介しましょう。

> いじめの始まりは、「間違っている人を正す」という気持ちから発生します。「おまえは間違っているだろう！」という気持ちで制裁し、「自分は正しいことをしている」と感じることで得られる快感があるのです。

いじめている側の、自分は正義であるという思い込みは絶対で、自分の行動を正当化し、「正しいことをするのは楽しいことだ」という感覚で相手を攻め、批判し、追い込んでいくのです。

喜びや快感の脳内物資で、恋愛をしている時、たのしい時、おいしいものを食べている時、認めてもらえてうれしい時などに出るといわれるドーパミン。〝ドーパミン〟と〝イジメ〟との関係は?

私たちの脳が快感を感じるのは、「快楽物質」と呼ばれる、ドーパミンの働きによるものです。(中略)

お腹がいっぱいで食べたら太るとわかっているけれど、食べすぎてしまうことがあります。これは理性と情動とは一致しない、情動は往々にして理性を凌駕することを物語っています。

いじめの場合でも、やってはいけないことだと思っているけれども、その行動が促進されるということが起こってしまいます。(中略)

所属集団=種を守るために、ルールに従わないものに罰を与えるという「正義」をもって制裁を加えるため、そこでは正義達成欲求や、それによる所属集団からの承認欲求が満たされます。言ってみれば、個人的欲求である食欲や性欲から、さらに次元の上がった「快感」を感じるのです。

中野さんは、「ネット炎上」の問題にも切り込む。

ネット炎上でもドーパミンは放出されます。
共同体のルールに従わないものを糾弾しようと、正義の側からバッシングしている人たちにとって、炎上させることである種の承認欲求や達成欲求が満たされるため、快感そのものなのです。そして、炎上すれば炎上するほど、ドーパミンという脳内麻薬が活性化して、バッシングはさらに過激化します。

中野さんの話を私なりにまとめると、こうなります。

〈正義〉＋〈快楽の脳内物質ドーパミン〉→イジメの深刻化

「おもしろがってイジメる」に理屈があった。

❖イジメにも三分の理

〝イジメは正義から起きる〟を考える時、私の脳裏に必ず浮上する一つの言葉があります。〝盗人にも三分の理〟ということわざです。

「盗人にも盗みをしなければならない理由が、十分の三くらいはあるものだよ。だから、盗人の言い分にも耳を傾けよ」と言っているわけです。実際には、一分の時もあれば七分の時もある。中には一分だって認めがたい場合だってある。だけど昔の人は「三分の理」と言い切った。言い切ったからこそ、ことわざとして命が吹き込まれた。三分という数字にも感心する。なんとも収まり具合のいい数字だとは思いませんか？　うまい！

ところで、〝イジメは正義から起きる〟を〝イジメにも三分の理〟と言いかえてみたらどうでしょう。すると、「イジメにも、イジメをしなければならない理由が十分の三くらいはあるものだよ。だから、イジメっ子の言い分にも耳を傾けよ」となります。

イジメに限らず生活指導全般を考える時、私が常に念頭においているのは〝裁判〟のことです。民主主義国家における〝裁判〟では、どんなに極悪非道な罪人であっても弁護士をつけます。法律がそれを保障する。学校においては、誰が弁護士をやるのでしょうか。教師以外ないと思うのだけれど……。

４ 仕返しから始まった集団イジメ

❖何度、指導しても収まらない

香織さんのことは、５月末の２年学年会で話題に上がっていました。

・不登校傾向を示すようになったのは、２年生４月から。
・クラスを越えて７人からの集団イジメにあっている。
・イジメている子どもたちを指導するも、イジメはひどくなる一方で、香織さんは次第に休みがちになった。
・香織さんの親から、「イジメをなんとかしてほしい」と怒りの電話が学校に何度もかかってくる。
・いまは別室登校を促している。

というような内容であった。

6月中旬のある日の9時頃、階段ですれちがった女の子がいた。「この時間に登校するのは、ひょっとして」と声をかけたら、香織さんでした。

美術室で話す。弱ってはいるけれど、シャキシャキッとした利発な子であった。なぜ、こういう子がイジメにあわなければならないのか、最初に話した感触からはわからなかった。詳しいことを知りたくて情報を集めた。次のようなことがわかりました。

・全員が小中学校で同じ部活の友だちだった。
・小学校の頃は香織さんが親分。彼女が命じて順繰りに仲間外れをつくった。
・特に彼女を恨んでいるのが栄子さん。栄子さんは、6年生の時に1週間ほど不登校になった。中学校に入学しても、みんなは怖くて1年生までは香織さんに従い続けた。
・ところが2年の4月突如、栄子さんが小学校の時の恨みつらみを香織さんに激しくぶつけた。それまで誰からも不満を言われてこなかった香織さんには衝撃的だった。

・「香織さんに打撃を与えられた！」とわかると、７人はまとまり逆襲に転じた。

・現在のイジメグループの親分は霧子さん。霧子さんは成績優秀、学年でもトップクラスである（霧子さんと栄子さんは同じクラス）。

各担任、学年主任などもイジメっ子たちを指導しました。それでも止めないので、部活動の顧問が間に入る。顧問は香織さんと栄子さんを二人で会わせ、「お互いに言いたいことがあったら言いなさい」とやった。しかし、それが火に油を注ぐ結果となった。栄子さんは、「あれほど言ったのに香織は謝らない。ゴメンナサイと言わなかった」という思いがさらに加わり、イジメは激化していきました。香織さんは学校に来られなくなった。香織さんの親からの猛抗議もあり、学校の大問題になっていた。

5 「ＩＣＵ」をつくる

❖体調の悪さに苦しむ

香織さんは弱っていました。体温を計り、調子を聞くことから彼女との一日は始まる。常に微熱があり、頭痛、腹痛、吐き気などに苦しんでいた。私と話している時も吐き気に襲われ、突然トイレに駆け込むこともあった。それでも休むことなく美術準備室に来てくれました。

美術準備室のことを、私は密かに「ＩＣＵ」（集中治療室）とよんでいた。「ＩＣＵ」に入れる子は一人だけ。そうすることで、ほんの少しの変化にもすぐに気づいてやれる。「ＩＣＵ」に入れる時、私は「全身全霊、魂込めてあなたを支えます」と心に誓った。

美術室のある特別棟は、一般教室とは棟が違い、離れたところに位置していた。そのため、一般生徒は授業以外、ほとんど立ち寄ることがなかった。子どもたちは「ほかの生徒の目を気にせずにすごせるから美術室はいい」と喜んでくれた。一方、「相談室」は一般教室と同じ棟にあり、空き教室を二分してつくったため、一般教室の並びに位置していた。子どもたちは「出入りが見られるから」と嫌がる。別室登校の子どもたちは、人目にさらされることを極端に恐れるのだ。だから、「居場所は一般教室から離れた場所に作ってやるべきだ」と、子どもたちから教えられた。だからこそ、「ＩＣＵ」は美術準備室でなければならなかった。

少子化傾向が強まる中、多くの学校では空き教室が増えているのではないでしょうか？　別室登校の教室は、一般教室から離れた場所に作ってやるべきだと思う。ただし、それには私のように専従でついてやれる人がいるという前提が必要なのですが。人は「人」につくのです。

6 イジメっ子たちの気持ちを誰も聞いてない

❖救出すべきは、イジメられてる子だけなのか

香織さんの問題では、イジメている側の子どもたちのことも気になっていまし

た。人をイジメぬくような生活をしていて、幸せなはずがないではありませんか。荒んだ心からの解放。彼女たちの救出なしに、香織さんの救出はありえません。

こじれにこじれていた香織さんのイジメ問題。しかし、私なりに情報を収集し観察した結果、解決は可能に思えました。それは、二つの理由からです。

①イジメる側もイジメられる側も、ごく普通のイイ子たちだった。

②教師たちの対応が間違っているためにこじれていた。

【①について】

イジメる側には親分的な存在の霧子さんがいて、みんなをまとめる力があった。

【②について】

教師集団が一致団結して、ことあるごとにイジメっ子たちを一方的に「悪い、悪い」と叱りつけていた。その度にイジメっ子たちは「私たちのことを先生たちはわかってくれない」と反発し、イジメを激化させていった。

子どもたちの気持ちも聞いてやり、心を開くような働きかけをする教師が一人でもいたなら違っていたはずなのです。しかし、誰もそこに気づいてない。赴任したばかりの私は、学年教師との間に信頼関係を築けずにいた。無理をすれば教師間がギクシャクする。しばらくは静観するしかありませんでした。悔しいけれど、必ず動ける時がやってくる。その時までに、やれることはやっておこう。イジメっ子たちとは、授業を通して信頼関係を築くことを心掛けた。

❖罪は誰にあるのか

私がイジメている側の子どもたちの救出も考えていたことについて、「そこがいい。なかなかそういう発想はできないですよね」と感心してくれる人がいる。そういう発想ができるようになったのははっきりしていて、教師3年目のある事件からです。私は小学校1年生の担任でした。

（回想）

1年生の教室には6年生が清掃に来てくれていた。「電話です」と連絡が入り、私は「6年生の子どもたちがいるから大丈夫」と安心して、バッグを置いたまま教室から離れた。戻ってすぐに、財布から1万円札が一枚抜かれていることに気づく。清掃はまだ続いていた。6年生の子の誰かが抜いたとしか考えられなかった。担任にそっと聞いてみた。1万円札は戻ってきた。

そのことを、私は師と仰ぐ尾形文江先生（同僚の先輩教師）に報告した。同情してもらえるかと思って話したのですが、いやはや、とんでもなかった。こっぴどく叱られてしまったのです。

「あなたは、子どもに罪を犯すような機会をつくった。言語道断。教師としてあってはならないことです」

一喝されて、教師としてのあり方や心構えを学んだ。以後、「教師たるもの、子どもに罪を犯すような機会をつくってはならない」と肝に銘じるようになった。

教師たちが入ることによって、香織さんに対するイジメ問題はさらにこじれていった。〈罪〉は誰にあるのか？

❖友人たちの完全防備で教室へ

香織さんを家まで送り、お母さんとも会うことができました。とても大切に育てられていると感じた。一方クラスの中では、小百合さんという子を中心に応援団がつくられ、昼休みにＩＣＵに遊びに来てくれるようになりました。温かい家庭があって、友人たちの応援もあり、本人も元気をとり戻しつつあった。「これならば大丈夫ではないだろうか」と踏んだ私は、学級への復帰を探り始めた。

出会いから10日目、６月下旬のことであった。「これから、どうしようか?」と彼女に聞いてみた。

「やってみようかな。美術の授業なら出られるかもしれない」

とはいうものの、私には甘いことは言えなかった。「苦しむ」ことも話す。それでもやると言う。私は「全力でサポートする」ことを、彼女に誓った。

しかし、いざやってみると、たった1時間のことが大変でした。準備室にいるわけですから、美術室に行くにはドア一つ開ければすむこと。それができない。小百合さんたち5人の応援団が来てくれて、香織さんをとり囲み移動する。授業開始寸前までずっと一緒にいてくれる。

授業が終わり、準備室に戻ったとたん、香織さんはパタッと倒れ込んだ。

その後は同じ特別棟で受けられる、理科や音楽にも出られるようになった。しかし、そのたびに体調の悪さに苦しんだ。頭痛・腹痛・吐き気。それでも休むことなく、私のところへは来た。

やがて、遠い「教室」での授業にもトライする。応援団5人がサークルを作り、中に彼女を入れる。外からは見えないようにして、長い道のりを塊となって移動していく。

夏休み前には、すべての授業に出られるようになりました。1か月半で復帰。苦しんで、苦しんで復帰した彼女を、褒めずにはいられませんでした。

香織さん自身のガンバリもあったけれど、学級復帰できた背景には、なんと言っても小百合さんの存在が大きかった。「もとから二人は仲良かった」のかと思っていたら、そうではありませんでした。1年生の時は知らない者同士。2年生の学級編成替えで、たまたま同じクラスになっただけの関係でしかなかった。会話を交わす間もなくクラスから姿を消した子のために、小百合さんは立ち上がってくれたわけです。

実は小百合さん自身、イジメによる不登校経験者だったのです。小学6年生の時に、1年間不登校だったという。つまり、中学校1年生の時というのは、彼女にとって、それを克服するための1年間だったということになります。やっとの思いで克服したばかりの子が、応援団長をかって出てくれた。なかなかできることではありません。身を切るような思いで志高く、寄り添ってくれる友がいたのです。

小百合さんの気持ちをもっと知りたくて、文章にしてもらいました。

友の作文「応援する、私の心」

私は小学校の時、とてもツライ体験をした。信じていた友だちから裏切られることなど日常茶飯事だった。でも、私はなんとかその状況を乗り越えることができた。私ひとりだけの力ではできなかったと思う。級友や家族、先生方の協力があったからこそ、いまの私は存在するのだと思う。中学校に入り、本当の友だちができたことで充実してきたし、なにより学校に来るのがたのしくなってきた。

ところが2年生になったら、クラスどころか、学校にも来られなくなった人がいた。やがて、仲のいい友だちから、「美術室登校している」と聞いた時には、とてもビックリした。多くの人たちに居場所を教えるわけにはいかないので、二人だけで会いに行った。その時の香織さんのうれしそうな顔は、いまでも覚えている。だんだんとイジメの細かいところがわかってきたけれど、その人たちにバレないように行き来するのも骨の折れる作業だった。しばらくすると、仲のいいほかの人たちにも居場所を知らせ、みんなで励ました。

やがて香織さんは、1週間に何回かは授業にも出られるようになった。その時にはホッとした。「学校に来るのはたのしいな」と思ってほしかった。だけど、仲間として一緒に動いていても、ほかの人たちには香織さんがストレスで吐いたり、頭痛や腹痛で苦しんでいるのはわからなかったみたい。「こんなに私たちが励ましているのに、なんで来られないの」とブツブツ言う人もいた。自分の経験を話して、「ストレスで体調が悪くなってしまうのはしかたがないんだ」とずっとずっと訴えていき、やっとわかってもらうことができた。

この件で私は、悪口を言ったりしたら、言った分だけ必ず自分に跳ね返ってくることや、友だちや学校の大切さ、正しいことをやり通すことの大切さなどを学んだ。これから先、私たちは、いろいろな壁にぶつかったり、不安になったりすると思う。これからも、私は困っている人がいたら助けたいし、私が困っている時には助けてほしいと思う。「困った時にはお互い様」という言葉がある。まさに、それではないだろうか。誰に対しても、公平で優しく接する人間に、私はなりたいと思う。

（小百合）

貴重な証言ばかりです。たいがいの子は、自分が不登校生だったことは隠したがるものです。しかし、我が身をさらして仲間たちに理解を求める。血を流しながら応援する子がいた。人間が、人間として、人間らしく安心して生きていくためには、〝イイ友だちの環〟が必要なんです。そのためになら私自身のことは……。そんな声が聞こえて来るようでした。

7 教師たちの誤った処方箋

❖学級復帰後に激化した集団イジメ

2学期が始まりました。そのまま順調に行くかと思っていました。しかし、簡単ではなかった。2クラス合同で行われる体育の授業がいけなかった。香織さんは体育のあと、必ず私のところで休んだ。

女子体育は2クラス合同で行われていて、霧子さんや栄子さんとも一緒に授業を受ける。すれちがいざまの悪口はしょっちゅうで、ドッジボールの時がもっともひどかった。思い切り顔面を狙って投げつけてくるのだという。体育の担当は生活指導主任の仲介氏だ。彼女がイジメにあっていることはよく知っている。気づけば「ヤメロー」とは言ってくれるのですが、目を離した隙にやられる。

学級復帰してからの方が、ますます彼女へのイジメは激しさを増していった。その理由がわからなかった。なぜ？　ずっとひっかかることになる。

9月下旬、体育祭が終わり、学校中が落ち着きをとり戻した頃のことでした。朝の学年打合せで、早苗氏が「明日、イジメについての学年集会を6校時に開くことにします」と言った。通常の学年集会はもっと前から計画し、目的をはっきりとさせ分担を決めてから開く。どうしたのだろう。「何か、緊急に開かなければならないような事情が起きたのでしょうか」と聞いてみた。

「いえ。生活指導主任の仲介先生が来てくれて、イジメについて話してくれます。学年の先生たちはいるだけでいいです」

いるだけでいい。そういう問題ではないと思うんだけど。しかし、朝の打合せでは、それ以上は聞けなかった。

翌日、学年集会が始まった。仲介氏が前に立ち、こんなことを言い出した。

「イジメについて指導されても止めない場合には出校停止にする。学校長の了承も得ている」

出校停止にする⁉　穏やかではない。信じられなかった。腰が抜けるほど驚いた。緊急集会の目的が〈出校停止宣言〉だったとは！　アリエナイ。集会まで開いて、〈出校停止〉で脅かし強圧的に出る。なんてことだ。教育の敗北以外のなにものでもないではないか。愕然とした。

仲介氏は最後に、こう締めくくった。

「イジメをしたという覚えがある者は、集会が終わった後、体育教官室にいる自分のところへ来るように」

私はその日、どうしても外せない用事があって、その後の様子を見届けることなしに学校を後にした。心を残しつつ。

❖学校側の大失敗でチャンス到来

私が帰った後にも、まさか、まさかの事態が起きていた。

仲介氏の呼びかけに応じて、「イジメをしたことがある」という子がずいぶん多く申し出たという。なんとイイ子たちでしょう。それなのに仲介氏は「誰をイジメたのか」と聞いたうえで、香織さん以外の名を挙げた子たちを帰してしまった。それにも驚く。

通常、こうした場合、教師たちは分担し合って一人ひとりから話を聞く。イジメについて一人ひとりに考えてもらう、いいチャンスにする。それが中学校での定番の流儀というものだ。

結局、香織さんの名を挙げた子どもたちだけが残された。そして、こともあろうに伸介氏は、「おまえら、いいかげんにしろ。やめないのはどういうことだ。出校停止にするぞ」と恫喝し、暴れまくったという。情けない。

さしものイジメっ子たちも、事ここに至ってはイジメをやめたのでしょうか。いいえ、やめませんでした。むしろ、逆効果。ますますイジメは燃え盛ったのです。

香織さんはすっかり落ち込んでしまいました。すぐさま香織さんの親から学校側に怒りの電話が入った。

第3章 イジメ完全解決す

1 どうしたの？

❖会って謝りたい

「出校停止宣言」は明らかに失敗に終わりました。最後のカードを切り、しくじった学校側。崖っ淵に立たされてしまいました。もう打つ手はない。しかし、その状況こそが私に「今だ！」と思わせてくれました。お手上げ状態の今なら、私が乗り出しても教師間の軋轢にはならないでしょう。私にとってはチャンス到来。耐えに耐え、待ちに待った〝その時〟がついにやってきたのです。

解決に向けて始動する。先ずは、イジメグループの親分、霧子さんと話さなければなりません。ここで一番気をつけたことは、「呼び出された」という形から始めたくないということでした。自然な流れの中で話題にできないものかと探った。

堀江　びっくりしたんだけど、学年集会のあと「私、イジメてました。相手は香織さんです」と言いに行ったって、ホント？

霧子　ホントです。

堀江　信じられない。あなたのようなしっかり者でイイ子が。何かの間違いじゃないの。

霧子　いいえ、本当です。

堀江　そう。あなたのようなイイ子がイジメるなんて、よほど何かの事情があったんでしょうね。どうしたの？　よかったら、話してくれない？

こんな感じで切り出してみました。もちろん、私が香織さんの面倒をみていることはおくびにも出さなかった。

霧子さんは「悪かったと思っています。もうやりません。香織さんに会って謝りたい」と言ってくれた。ただ、彼女はこうも言った。

「もともとは香織さんのイジメから始まったことであり、今もそのために傷ついている子がいるんです。香織さんにも謝ってもらいたい」

親分的な存在だな、やはり。自分の思いだけでなく、みんなの思いを代表して伝えられる。こういう子がいれば、きっとうまくいく。心強く思いました。

翌日、驚いたことが起きました。霧子さんのお母さんが、突然、私に会いに来てくれたのです。それまで、霧子さんのお母さんとはまったく面識はなかった。

「あの日、うちの子は学校からとても喜んで帰ってきました。久しぶりでした。あの子の明るい笑顔を見たのは。〈先生たちは、私たちのことを一方的に〝悪い、悪い〟と責め立てるけど、堀江先生だけは違ったんだよ。〝どうしたの？〟と聞いてくれたの。堀江先生は神様だ〉って、すごくうれしそうでした」

お母さんはそう言ってボロボロと泣いた。

「久しぶりでした。あの子の明るい笑顔を見たのは」なんて言われたら、もっと早くに動いてやれなかったことを申し訳なく思った。不覚にも、私の目からも涙がこぼれた。先の見えない中で、自分の娘が「悪い、悪い」と言われ続けていたらキツイです。イジメてる側の家庭だって苦しんでいたのです。誰も幸せではなかった。

それにしても、「どうしたの？」の一言が彼女の心を揺さぶったとは。暴力や力づくでは、決して人は動かない。本気で自分（たち）のことを考えてくれているかどうかを瞬時に見抜く。魂込めて、本気で向き合うしかないのです。

❖恐怖心からイジメる

9月以降、香織さんへのイジメは激しさを増していった。「なぜ、学級復帰するとイジメが激しくなるのか」が疑問だったのですが、ついに答えが出ました。

〈霧子さんの話〉

「部活の先生が栄子さんと香織さんを話し合わせたことがあったんです。栄子さんは、小学校からのつらかったことを話したんだって。でも香織さんは、謝らなかった。香織さんは、誰に対しても謝ってない。反省してないんです。だから、元気になって教室に入ったら、またみんなをイジメるかもしれない。それで、懲らしめるために香織さんをイジメていました」

図式化すると、こうなります。

謝ってない。

↓

元気になって教室に入ったら、またみんなをイジメるのではないか。

↓

懲らしめるために香織さんをイジメる。

いよいよ最終段階に入ります。香織さんは謝れるのか。

２ 謝り方の礼儀作法

❖ いいところは、どんなところですか

私は再び霧子さんと会い、仲直りのしかたについて打ち合わせをしました。この時、私が霧子さんに提案した内容を整理すると、次のようになります。

①仲直りのしかたについて打ち合わせる（段取りの確認）。
②両者それぞれの言い分や気持ちは、事前に私が聞きとり伝える。
③納得したら会う。
④二人が対面する時には、細かいことはぶつけない。
⑤謝りの言葉は短くさわやかに。心が伝わればよしとする。

霧子さんは「すべては堀江先生にお任せします」と言ってくれた。潔い。

霧子さんからは悪口しか出なかったけれど、友だちづきあいをしていた時期もあったのだから、気に入っていたところもあったはず。

「香織さんのいいところは、どんなところですか」と、私は霧子さんに聞いてみた。いいところにも目を向けてもらわなければ、本当にはイイ関係はとり戻せないと考えたからです。でも、そうは言っても、「いまはカッカしてるから難しいかも」と心配でした。ところが、

「中学校1年生までは、一番の仲良しだった。一番気が合っていた。一番たのしかった。いまでも好き」と言うではありませんか。拍子抜けしてしまいました。

さらに、こんなサプライズも。

「お誕生日のプレゼントも用意してあるんですけど、渡せないでいます。ほかの人の悪口を言ったり、仲間外れをつくったり、そういうことさえしなければ、これからも仲良くしてほしい人。香織さんが許してくれればですけど……」

「お誕生日のプレゼントも用意してある」なんてね。聞いてみなければわからないものです。実は香織さんも、同じようなことを言っていたことがありました。

「霧子さんは一番の友だちだった。一番気が合って、一緒にいて一番たのしかった」

二人はきっとうまくいくに違いない、と確信した瞬間でした。

❖謝れない⁉

さあ、条件は整いました。あとは香織さん自身の問題になりました。いまとは逆に、小学生の時はイジメっ子で親分的だった香織さん。そこへ戻り「謝ってほしい」と言われている。果たして、彼女は謝れるのか。私は、香織さんは謝れると楽観的に考えていました。なぜって、彼女はいつも私にこんなふうに言っていたからです。

「謝るつもりはあったけど、栄子の態度が悪かったんで謝れなかった」

ところが、いざ「謝る」が現実味を帯びてくると、はぐらかしたり、言い訳ばかりをするのです。小学生の時の自分と、向き合おうとしない。謝る気なんてないんだ。ウ～ン。これじゃ、難しい。霧子さんたちが怒るのも無理からぬ話だなと感じた。

私は正直に香織さんに言った。

「このチャンスを逃したら、解決は難しくなる。これは、あなたにとってはラストチャンスなんだよ。よく考えてみて」

翌日、彼女は休んでしまった。

❖原因をつくった側が先に謝るのが礼儀作法

不安でたまらなくなった。私自身がこんなふうでは、うまくいかない。私は牧東さん（元岩波科学映画プロデューサー）を頼った。いつも私の相談相手になってくださっている方です。

牧　香織さんに、もともとの原因がどこにあると考えているのかを聞いてないいんじゃない？

堀江　ええ。「謝る気はあったのに、謝りそこねただけだ」と言っていたので。ああ。そこを確認する必要があるのね。

牧　「原因は、あなたにあると考えているの？」と聞いてみるといい。それから、被害のひどさが違うわけでしょ。香織さんのやったことよりも、いま受けているイジメのほうがずっとひどい。ひどさで考えたら、素直に謝りたくなんかないよね。「こんなにも、私はやられてる」と。でも「もともとの原因をつくったのは誰なのか」と。「それなしには解決はないよ」と言ってあげるといい。自分の非を認めるのってツライよね。

堀江　でも、それを乗り越えると成長する。「自分の非を認めるのってツライよね」なんて言われたらジーンときてしまいます。温かい気持ちになる。〈寄り添う〉って、きっとそういうことなのでしょうね。

牧　それから、会って謝る時には「原因をつくったほうが先に謝る」というのが、礼儀作法なんだね。

堀江　「被害の大きさではない。原因をつくった側から先に謝る」。それはいいですね。ケンカを収める時にも使えます。

感動！「謝り方にも礼儀作法がある」なんてね。素晴らしい。〈使える知識〉を伝授され、やっと私は落ち着きをとり戻しました。

香織さんは1日だけ休み、私のところへ来てくれた。どうするつもりなのだろうか。トッキントッキン、胸が高鳴る。

「どうする？」

最後の審判を受けるみたいな気持ちだった。

「ホントに？」

香織さんは「謝ります」とすんなりと言ってくれたのです。いよいよ肝心な話をしなければなりません。

「謝る時には被害の大きさではない。〝原因をつくった方から先に謝る〟というのが礼儀作法なんだけど、どうかな？　あなたから先に謝れる？」

一瞬顔色が変わった。こわばった。それでも、一息飲んだ後で、

「わかりました。私から謝ります」と、きっぱり言った。覚悟ができていた。

❖意外なアドバイザー

それにしても、どうして考えを１８０度転換することができたのでしょうか。

香織さんは、

「堀江先生に〈これがラストチャンスだよ〉と言われたので、考えなっきゃと思った。でも、謝らなければならないことに、どうしても抵抗があって休んでしまったの」

と話してくれた。ところが、それだけではなかった。

「自分一人で考えていたら落ち込むばかりだった。この場合、お友だちではダメ。お母さんでもダメ。誰か、しっかりとした大人の人に相談にのってもらわないとダメだなと思ったの」

そこで頼ったのが、近所に住む「オバチャン」だった。「オバチャン」というの

は、お母さんの友だちのようだ。事情を聞いたオバチャンはスパ〜ンと、「それは、あなた、謝らなければならない。堀江先生の言うとおりよ。霧子さんに会って、すぐに謝りなさい」と諭してくれたのだと言う。しっかりした大人の人を頼った。その判断で、道が開けた。

❖笑ったらおかしいよね

10月の初め、いよいよ二人の対面の時がやってきました。双方の担任と早苗氏に経緯を説明し、私が立ち会い人になることを了承してもらった。場所は美術準備室。先にやって来たのは、香織さんでした。ソワソワ。

「先生、どうしよう。私、どうしても笑顔になっちゃう。笑ったらおかしいよね」よほどうれしかったのでしょう。会う前から、笑みがこぼれていました。

霧子さんもやって来ました。こちらもニコニコ。こんなに笑顔の溢れるうれしそうな仲直りに立ち会ったことはありませんでした。お互いの細かい気持ちは私から話してありますので、さわやかに「ごめんなさい」と交わしただけ。霧子さんからは、遅ればせながらの誕生日プレゼントが渡されました。二人は握手し、そこに私の手を重ねた。こんなにも爽やかに仲直りができるなんて、私も幸せな気持ちになりました。

❖私にも応援団ができた

実はこの時、一緒にイジメに加わっていた敦子さんも謝りに来てくれていました。その後、栄子さん以外の子どもたち全員が謝りに来てくれました。残念ながら、もっとも憎んでいた栄子さんは、心の傷が深く、香織さんと会って謝るには至らなかった。しかし栄子さんも、香織さんへのイジメをピタッと止めてくれました。香織さんへのイジメ問題はこうして完全解決をみたのでした。

思いがけないことが起きました。霧子さんや栄子さんなどの元イジメっ子たちは、私をみかけるとニコニコ、遠くからでも派手に手を振り「ホリエセンセー」と叫ぶのです。美術の授業は「超」がつくくらい熱心に取り組むようになりました。「もういいんじゃない？」と言っても、「まだまだ」と言って放課後もやって来る。凝りに凝る。放課後の美術室は、彼女たちの笑い声で賑やか、賑やか。それから、どういうわけか、「ホリエセンセー」と手を振ってくれる子たちは増えていきました。イジメっ子以外も入っている。あまりの派手さに、恥ずかしくなる。元イジメっ子たちは、「先生、困ったことがあったら、なんでも言ってね。私たち、先生の味方だから」なんてことまで言ってくれた。

雨上がりの空に、美しい虹を見たような、そんな素晴らしい気分を味わうことができました。

3 イジメで転校を繰り返す子

❖ツライな

3年目の4月。2年生の綾乃さんが、私のところへ来るようになりました。

小学校の時からイジメにあっていた。知らない子ばかりの学校に行けばイジメにあわずにすむと考え、私立中学校に入った。しかし、そこでもイジメにあい、転校してきたのだ。素直でのんびりしていて、気持ちのやさしい子であった。

「なぜ、イジメにあうのだろうか」と探る。「発達障害ではないか」と言う人もいたけれど、そんなふうにはまったく思えませんでした。ただ一緒にすごす中で、「どうも困ったことだな」と思うことはありました。

「先生、掃除は何時からですか？」

綾乃さんは毎日毎日、何度も何度も同じ質問をするのです。掃除の時は一般生徒が美術室に入ってくる。姿を見られたくなくて、その前に準備室に移っておく必要があるからだ。

はじめのうちはきちんと答えていた私でしたが、何度も繰り返され、つらくなってきました。日課表で時間を確認できるように見方を教えた。しかし効果なし。１日のうちに何度も何度も、「先生、掃除は何時からですか？」と聞かれた。毎日続く。疲れる。いかに仕事とはいえ、辟易となった。

本当にわからないのだろうか。わかっているのに聞くような気がしてきた。試しに言ってみた。

「自分でわかってるんじゃない？　言ってみて」

「はい。１時20分です」

よどみなく答えた。な～んだ。わかってるんじゃない。

なのになぜ、繰り返し聞いてくるのか。それは私とつながりたかったからでしょう。なんと気の毒な。だけど、そういうつながり方しかわからなかったら、友だちはできない。できたって、すぐに逃げ出すよ。彼女のイジメ問題を解決するには、そうした話が「人に嫌われる要因になっている」ことをわかってもらう必要がありそうでした。

❖子どものことは子どもに聞け

「わかりきった質問を何度も何度も繰り返されると、人は嫌になる。疲れる。別の質問や、たのしくなるお話をしてくれるといいんだけどね」

私は綾乃さんに説明した。しかし、それだけではわかってもらえなかった。困り果てた私は、「子どものことは、子どもに聞いてみよう」と考えた。

この時、私の脳裏に浮かんだのが翔平君（2年）でした。翔平君は時々学級に入り、時々美術室にやってくる。物知りで、当意即妙の会話ができる子だ。

「翔平君にも聞いてみようか」

そう言うと、綾乃さんはコックリと頷いた。翔平君は、即座に言った。

「おまえさ、おまえの話はいつも自慢話なんだよ。〈今日、私、帰ったらプールに行くの〉とか、〈今度、コンサートに行くの〉とか、そういうのは自分の自慢話だろう。一度聞いたら、そんなのはもういいよ。それなのに、おまえは何回も何回も自慢話を繰り返すだろう。自慢話なんて聞かされたって、おもしろくないんだよ」

たしかに、自慢話を聞かされたって、おもしろくない。

その話を聞いた綾乃さんは？　衝撃を受け、うなだれて帰っていった。大丈夫だろうか？

❖対人関係も教えられなければわからない

翌日、綾乃さんは現れた。来られたんだ。よかった！　私の顔を見るなり、

「先生。きのう私、翔平君に〈自慢話をするな〉と言われたじゃない。これまで私は、そういう話をすればみんなが喜んでくれて、仲良くしてくれると思っていたの。でも、〈それじゃダメ〉って言われちゃったら、私どうしたらいいの？　どんな話をすればいいの？　それがわからない」

と訴えた。

私は応えてやれなかった。またも翔平君を頼ることにした。その時の話が、ほんとうによかった。彼女を救うことになる。

「おまえさ、自慢話じゃなくて、なんか失敗したことを言うといいよ。〈私ってバカよね。こんなことしちゃった〉とか言ってみろよ。失敗した話をすれば、みんな

と仲良くできるよ」

失敗談を話す。けだし明言。これならみんなと仲良くできそうです。翔平君は哲学者です。

続いての話が、またよかった。

「みんなドッと笑ったりするけど、それはおまえをバカにして笑うわけじゃない。そういう時の笑いは〈おもしろいやつだな〉とか、〈いいやつだな〉みたいに思って笑うんだから、心配しなくていいよ」

翔平君はやさしい子です。ちゃんと手当てまでしてくれました。私は感じ入ってしまった。綾乃さん自身は？

「な〜んだ。失敗した話でいいの。それなら私、いっぱいできるよ」

前日とはうってかわって、ニッコリニコニコ。顔を上げ、足取りも軽く、元気に帰っていきました。普通なら失敗談を話すことには抵抗があります。プライドが許さなかったりします。だけど、率直で飾り気のない彼女にはピッタリでした。

それからは、笑いの輪の中にいつも綾乃さんがいました。「おまえってバカだな」なんて、しょっちゅう言われていたけれど、笑顔に包まれていた。

彼女には、翔平君のアドバイスを受け入れられるだけの気質のよさがあった。そして、何よりも「みんなと仲良くしたい」という目的意識があった。綾乃さんは、みんなと次第に仲良くなっていきました。それを機に、学級にもずいぶん入れるようになりました。人と人との交流のしかたも、教えられないとわからない子がいるのです。わからない子には、わかるように教えてやる必要があります。国語や算数を教えるように。

高校に行ってからも、

「先生、私、元気だよ。高校には毎日行ってるよ。仲良しの友だちもできて、高校はたのしい」

弾むような声で電話をくれました。それぞれの子が自立的に、幸せにすごしてくれていると実感できる時、それが私の至福の時である。

ただ、彼女の完全解決にはお母さんとの関係改善も必要でした。それについては「第６章　母子関係に苦しむ子どもたち」（１３６頁）で紹介します。

コラム

イジメ解決のための処方箋

両者の心を開くには

ここで、イジメやケンカに関する対処法をまとめます。

最初にするのは、イジメられてる子、イジメている子、両者の言い分をよく聞いてやることから始めます。気持ちをほぐし、落ち着かせることがなによりも大事。

「イジメられている側」への対処のしかた

①保護者にも、家での様子を聞く。

②目撃者がいれば、その時の様子を詳しく話してもらう。

③教職員で知ってる人がいる場合もあるのでリサーチする。

「イジメている側」への対処のしかた

①その子が「正義」でやっていたことを理解し、「決して悪い心でやっていたわ

けではない」ことを認めてやる。

②相手、イジメられた子の身になって考えさせる。相手はどう受け止めただろうか。喜んでいたか、嫌がっていたかナド。

③その時の様子を、リアルに「再現ドラマ化」させる。

「イジメは〈正義〉から起きる」と思ったら、教師は頭ごなしに怒れなくなる。これがミソ。イジメっ子は、自分の言い分を聞いてもらえ、自分の中の〈正義〉を認めてもらえたら、グッと心を開きます。

しかし、それだけでは、イジメ行為そのものまで認めている印象を与えかねません。〈心根が正しかったこと〉と〈行為が正しかったかどうか〉は別です。

そこで②が大事になります。「相手の子は喜んでいたか」と聞く。「相手が嫌がっていたり、イジメられたと感じていれば、それはイジメになる」と話す。

場合によっては、③の「再現ドラマ化」もやる。殴ったり蹴ったりしている場面や、ひどい言い方、鬼のような形相を再現させる。しかし、「再現してみて」と言われたって、なかなかできるものではありません。「再現ドラマ化」のよいところは、自分を客観視せざるをえなくなるところです。

もう一つ大事なことがあります。複数でイジメていた場合でも、必ず一人ずつ話を聞きます。面倒臭がって、十把一絡げで聞いてはいけない。仲間の顔色を伺って、本当のことを言わなくなる。人数が多い時には、学年教師たちで分担しあい、一人ずつ一斉に聞きます。聞いたことを持ち寄り、みんなで一斉に照らし合わせます。

第４章

学級復帰するための条件

1 〈たのしい授業〉でつくる〈たのしい空間〉

❖ ホワッとした雰囲気に包まれる

不登校の子どもたちも、〝授業〟は受けたいのです。だけど、できない。だから、たった一教科であったとしても、「みんなと同じものをやっている。できている」と思えることはうれしいものです。私は美術の授業でつながるようにしていました。2年生以上には選択教科がある。不登校の子どもたちは、全員が〈選択美術〉をとってくれていました。〈必修美術〉と両方の子もいた。

火曜日（午前中）と水曜日（一日中）は、不登校支援活動日。みんなが美術室に集まってくる。基本を教えてやれば、創意工夫しながら自分でやれる教材を用意しました。〈ポップアップカード作り〉〈スタイル画のぬり絵〉〈万華鏡作り〉など。

「堀江さんが不登校支援でうまくいってるのは、〈たのしい授業〉ができるというのも大きい。たのしい授業がかもし出すホワッとした空間が、気持ちを軽くする。不登校になるような子は、敏感な子が多いからさ」

犬塚清和さんは、いつもそう言ってくれていました。

〈たのしい授業〉だけやっていればうまくいくのかというと、そんなことはありません。〈1対1対応〉をとても大事にしました。支援した子どもたちは、家族・友人関係・学力・進路・健康問題など、それぞれの悩みをもち、鬱々としていた。私は美術を教える傍らで、隣の準備室で一人ひとりと面接を入れました。話を聞いてやることで、子どもの心がスッと落ち着くからです。

時には雑談で終わることもあった。雑談は面白がって聞くようにしました。面白がって聞くと、本当に面白くなってくるものです。笑える話も出てくる。笑えるって大事。その一瞬、悩みが消えて、何よりのストレス解消になります。私自身もたのしく接したいものね。

❖“守られる存在”から“役立つ存在”へ

不登校だからといって、意欲がなくなっているわけではありません。自分の好きなものが、それぞれにありました。学校の掲示板に、毎月装飾した掲示物を作って展示してくれる子たちもいました。その中心にいたのが美華さんです。これには教頭が大喜びし、よく声をかけてくれていました。美華さんが卒業した後も、それは別室登校の子どもたちに受け継がれていった。

学校行事が近づく頃には、行事で使う掲示物をみんなで作りました。ともすれば、「お荷物」みたいにみられがちな子どもたちです。だからこそ、「別室登校の子たちだって役立ってる」ことを周りにも知ってほしかった。自分たちでも「やれる」と認識してほしかった。誇れることもしようよ！〝守られる存在〟から〝役立つ存在〟へ。教師たちにも協力してもらい、意識的に機会をつくった。

❖距離感の違いも大切に

不登校の子どもたちが一堂に会すことで、お互いに励まし合うイイ関係ができていった。しかし、だからといって、全員を無理に集団の中に溶け込ませようとはしない。

涼子さん（2年）は、いつもポツンと離れたところに席をとる。それも認める。それぞれの距離感の違いも大切にしてやらなければ、別室登校は成り立たない。

次第に、少しずつなら学級に入れる。そういう子が増えていきました。美術室は、その発進基地となりました。

ある子が「次の授業は出るんだ」というと、「いってらっしゃーい」と声がかかる。帰ってくると、「お帰り」とみんな。少しでも学級へ入れると、表情が明るくなる。

誰かが入れると刺激を受けて、「自分も」とトライする子が出る。
だからといって、どんどん〈頂き〉をめざさせることはしない。「ａｌｌ　or　ｎｏｔｈｉｎｇ」にならないように気をつけていました。学級への完全復帰は、なかなか大変なことなのですから。

学級復帰するための４つの条件

私が面倒みれば、誰もが学級に完全復帰できるわけではありません。完全復帰には４つの条件が必要です。

〈学級に完全復帰できるための条件〉
①なんと言っても、「本人の気持ちの高まり」が大事。
②教師（特に担任）の理解と協力が必要。
③学級の中に、仲良くできる友だちがいる。
④家庭が安定していて、親からちゃんと愛されている。

２ 「覚悟」なしには入れない

❖原点に立ち返れ

「学級復帰が可能」と判断した子は、ＩＣＵに入れて手厚く面倒をみます。

少しずつ授業に出られるようになって、１週間から10日目、「このまま順調にいくか」と思う頃に、決まって危機が訪れる。10中10人が、体調のせいにして学級に行きたがらなくなるのです。なにか法則性があるのかと思うほどで、どの子にもピタッとやってくる。

学級に入ればかなりのストレスにさらされます。疲れが出る頃なのでしょう。「ラクになりたい」。その気持ちはわかります。だけど、この時こそ〈厳しく〉しなければならないと考えています。ここが剣が峰。唯一、私が決して甘やかさない時、それがこの時なのです。

学級復帰は、常に自分との闘い。友人や私がどんなにサポートしたとしても、やるのは自分。自分自身との闘いや葛藤を乗り越えることなしに成就はできない。その〝覚悟〟を、この時に求めます。

「大事なのは〝覚悟〟をもつこと」

それを教えるには、このタイミングしかないのです。

グズっている子に向かって、私がきまって聞くことがあります。それは「あなたの願いは何ですか？」ということです。それぞれの原点に立ち返ってもらうわけです。

❖不幸な出来事が二つ続いた

子どもの気持ち〈原点〉を確認すると、私は「今日は出なさい」と強く迫ります。檄を飛ばされた子どもたちは、学級に行っても1時間がやっとです。そこで、戻ってきた時に必ずする話があります。それは、私の身近に起きた二つの出来事から。

不登校支援を始める4年前、夏休みのことでした。

友人の長岡清さん（仮説実験授業研究会）が、小学校1年生の息子と妻の仁美さんを残して、42歳の若さで突然死してしまった。それから20日後、今度は卒業させたばかりの教え子の亮君が、高校1年生で突然死。

どちらも過労死でした。めったに起きないことが、私の周辺でたて続けに起きた。ショックでした。私ですらショックでしたから、それぞれのご家族の嘆きはいかばかりだったことか。

長岡さんの妻、仁美さんとも私は昔からの知り合いで、仲良くさせてもらっていました。お互いを尊敬し合ういい夫婦でした。また、亮君のお母さんも立派な方でした。ＰＴＡ活動をバリバリやり、パートでしたが、仕事もしていました。ところが、その後の二人の女性の人生は、まったく違ってしまったのです。

❖しっかりしなさい

仁美さんは通夜でも葬儀でも、涙ひとつ見せずに気丈に振る舞っていました。その凛とした姿が印象的で、後日聞いてみました。

自分の母親に夫の死を知らせた時、母親から「しっかりしなさい。泣いてはいけません」と檄を飛ばされたのだという。それを聞いて、「しっかりしなければ。と り乱してはいけない」と自分に言い聞かせたという。

幼い息子を、これからは一人で育てていかなければならない。喪主として葬式も出さなければならない。泣いてはいられないと思ったのでしょう。

「しっかりしなさい」

その言葉が、彼女を支えた。「人間は愛する者を失った時にも、目的意識をもって生きることができるものなんだな」と感動したのをいまも思い出します。

一方、亮君のお母さんは？　彼の死から4年後にお母さんとお会いしました。息子の遺影と遺品に囲まれ、鬱々と涙に明け暮れる日々を送っていました。「あんなにも堂々としていた方が……」。残念に思う。

同時期に起きた、愛する者との突然の別れ。その後の両極端な生き方。

子どもたちに〝覚悟〟を決めてもらうため、私はこの話を静かに話します。単純に「愛する者を失った」と一括りにはできないものがあるかとは思う。夫と子どもでは違うでしょうし。でも、あまり複雑なことを言うと、中学生は考えられなくなります。だから話を単純化して話します。

❖逃げてはいけない

檄を飛ばした時、私にもっとも抵抗した子がいた。理奈さん（2年）だ。

「こういう状態で授業に出ると、私は身体が動かなくなって1週間から2週間は休み続けることになる。去年がそうだった」と、理奈さん。

「みんな吐いたり、熱出したりして、苦しみながら教室に入れるの。ラクして入れる人なんていないの。明日は休みたければ休みなさい。だけど、今日はダメ。今日は出なさい」

やっとの思いで理奈さんは教室へ行った。

戻ってきた理奈さんに、今度は「しっかりしなさい」の話をしました。その時の感想文。

今日わかったことは、〝今〟から逃げてはいけないということ。弱い自分に負けずに、「頑張れ」と自分に言い聞かせること。いつまでもクヨクヨせずに教室や友だちの中に自分から入ったり、ひとりでもいいから昼休みなどに入って、弱い自分に勝つこと。

堀江先生の友人の話、教え子の話を聞きました。子どもを亡くして泣いてばかりいる人にはならず、夫を亡くしても泣かずに頑張って仕事をしている人に私はなりたいと思いました。

早く、私を応援してくれる人たちと仲良くし、相手も笑顔に、自分も笑顔になりたいと思います。いまはまだ、周りからの視線を感じることが多いのですが、でも、心の中で「逃げたい」と思っている自分を失くしたい。出られるものを一つずつ増やしたい。いまの自分はそう思っています。（理奈）

中学生っていいですね。打てば響く。「今日わかったことは、〝今〟から逃げてはいけないということ。弱い自分に勝つこと」なんてね。素晴らしい。次のように声をかけてから、家路に着かせました。

「よく頑張ったね。今日、授業に出られたことは、これからのあなたの財産になります。今日やれたんだから、これからもやれる。あなたなら大丈夫。きつかったら、しばらく休んでいい。無理しなくていい」

幸せは自分でつかみとるもの。

❖見所のある人にしか怒らない

「しばらく休んでいい」とは言ったものの、休み続けられたら私はショックです。まったく遠ざかってしまう心配もないわけではありません。だから、いつもドキドキ。彼女の〈生きる力〉に賭けたのだけれど……。さて？

理奈さんは、１日だけ休みました。しかし、その後はグ～ンとクラスの中に入れるようになりました。授業に行事に、クラスのみんなと仲良く取り組むようになりました。よかった！　ホッとする。

理奈さんだけではない。私が面倒みた子どもたちはすべてと言っていいほど、檄を飛ばされたあとに数日休む。しかし、その後は教室に入る時間が長くなります。これもまた、法則性があるかのようにピタッと一致する。

でも理奈さんは、厳しく迫った私に不満を持ち、ＩＣＵの先輩でもある亜希子さんにグチったという。

「堀江先生は、なんで私ばかり怒るんだろう」

それに対し亜希子さんは、

「堀江先生は見所のある人にしか怒らないんだよ。見所のない人には怒らない。よかったじゃない、怒られて」

と言ってくれたという。さすが、苦労人の亜希子さん。たいしたものです。「よかったじゃない、怒られて」なんて、なかなか言えるものではありません。子どもたち同士でアドバイスし、励まし合う。そんなイイ関係もできていった。

❖別室登校で終わってはいけないのか

誰もが学級へ入ることにチャレンジしたかというと、そんなことはありません。ただ一人、涼子さんだけはチャレンジしようとしなかった。

普段、離れたところに席をとる彼女を、私は「孤高の人」と密かによんでいた。しかし、校内に居場所はあったのですから、それはそれでよかったのではないでしょうか。

「別室登校で終わってもいい」と私が思うのはなぜでしょうか。それは、別室登校でも、人と人との交流があるからです。校内にいれば、少なくとも私とは話す。担任とも話す。子どもたちとも、少しは話す。

学校に来るためには外に出ます。外に出れば緊張します。交通事故に遭わないように気をつけなければならない。見知らぬ人とも、知っている人ともすれ違う。声をかけられることもあるでしょう。暑い日、寒い日、雨の日、いろいろあるけれど、太陽光の中に身をおくことは気持ちのいいことです。四季のある日本をたのしんでほしい。世捨て人のようになっている子どもたちを別室登校させることによって、人や自然、社会との間に関係性をもたせることができる。素晴らしいではありませんか。

3 謝れずに不登校

❖悪口を言って教室を飛び出す

ほんのささいなケンカから、「ゴメンナサイ」が言えないがために、学級から離れてしまう子がいる。即座に潔く、謝ってしまえばどうということもなく終わるケースでも。

泉さん（2年）には、クラスに夏生さんという仲良しの友だちがいました。ところが夏生さんの悪口を言ってしまった。そのことが夏生さんの耳に入り、逆鱗に触れた。泉さんは学級にいられなくなり、私のところへ来るようになった。

「夏生のことが好きなんです。夏生といるとたのしいんです。夏生のところに戻りたい」

「それなら、すぐに謝ったほうがいい。それをしないで、前みたいに仲良くするのは難しい」とアドバイスした。しかし、泉さんは決して謝ろうとはしなかった。

チャンスは何度かあった。夏生さんの方から手をさしのべてくれることもあった。それでも、ダメだった。手紙を書くことも勧めてみました。ところが、これがまあビックリするではありませんか。言い訳ばかりを書きつらねるのです。それじゃ、無理だ。

やがて進路が気になった彼女は、学級に少しずつ入るようになったけれど、夏生さんは別の子と仲良くしていた。しかたなくほかの子と仲良くする。ところが身勝手なふるまいをして、新たな友とも仲違いしてしまい、再び私のところへ。相手は変わっても、同じ過ちを繰り返す。

❖思いやりとは

「教室に入れない」という苦しみを背負ってもなお、なぜ謝れないのか。こうした子どもは泉さんだけではない。牧さんに聞いてみました。

「子どもの世界から、タテ社会が失われたことも影響してるかもしれない。昔は年長者と一緒に遊んでいたから、どうしたって謝らなければならなかった。一回では許してもらえないと思って、できないのかもしれない。しぶとく謝るしかないんだけどね」

牧さんの次の話には、感嘆してしまった。

「思いやりとはやさしさ、というでしょ。だけど、そうではない。相手には相手の理屈があるんだから、〝相手の理屈をわかろうとすること〟、それが思いやりなんだよ。相手の理屈がわかれば対処できる」

いい話です。

「思いやりとは、相手の理屈をわかろうとすること。わかること」

それができる人のことを、「やさしい人」という。人間関係のトラブルも、知恵で解決できるということになります。

❖自分が自分の主人公になっているか

牧さんは続けて、こう話してくださいました。

「守るべき何かがあると人は謝れる。自分を守るために身を投げ出さなければならない時がある。そういうことがわかると違う」

この話で、思い浮かぶ言葉があった。

「身を捨ててこそ浮かぶ瀬もあれ」

私は牧さんに、「いざとなると、私は謝れると思うんですけど。〈体験〉の差なのでしょうか」と聞いてみた。

「いや。〈体験〉ではないと思う。自分で、自分の生き方を決めているかどうかだと思う」

問われていたのは、「自分が自分の主人公として生きているかどうか」だったのか。それで胸に去来する板倉先生の言葉があった。「仮説実験授業とは何か」という話で、板倉先生は次のように語っています。

> **自分が自分の主人公であるような人間、そういう人間をつくる、というよりも育てる。**（板倉聖宣『はじめての仮説実験授業』国土社）

「自分が自分の主人公として生きる」なんて、ごく当たり前のことのように思われます。だけど、実はとても難しい問題で、この話には「人間、いかに生きるべきか」という、人類永遠のテーマが含まれているのではないでしょうか。こんな大きなテーマが、不登校問題には潜んでいたとは。

「謝ればすむ話。サッサと謝っちゃいなさいよ」と、最初は私も簡単に考えていました。大人だって、謝れなくて人間関係が切れてしまう場合がよくあるではありませんか。この話をすると、たいがいの人が「ある、ある。身近にいる。イジメがなくてもそうなっているよ」と言います。そうなのです。不登校の子どもたちも、イジメがなくても「謝れない」というだけで不登校になっているのです。「不登校問題は子どもの問題」とばかりに軽んじてはいけない。この問題は「大人の世界の縮図」でもあるのです。

泉さんは足掛け2年で、卒業間際に学級復帰しました。「後悔したくない」と、すさまじい迫力で。〈覚悟〉をもってやり遂げてくれました。

結局、私の〈不登校支援〉は、「人間いかに生きるべきか」を問いかけ続ける、「自分が自分の主人公として生きるための人間道場」になっていたようです。

第5章 教師間にあった葛藤

❖補教要員として期待される

不登校支援の仕事はハードでした。

授業時数は少ないから肉体的にはラクなのですが、精神的にキツイものがありました。胃が痛くなり、眠れない日々をすごす。原因は二つありました。

一つは、この仕事は対応する子どもたち一人ひとりの人生を丸ごと引き受けるようなところがあって、それがキツイのです。

もう一つは、教師間にあった葛藤のためでした。

「不登校支援教員」として任命されたのですが、実際には空き時間の多い私は「補教教員」として期待されていたのです。補教というのは「補欠」とも言って、出張や年休などで授業ができない教師の代わりに自習監督をする役割。通常は1日に1時間が原則ですが、私には1日に2時間から3時間は平気で回ってきた。私が美術室にいないと家に帰ってしまう子もいて、その度に支援は後退していく。それがキツかった。

困った私は「1日に1時間、ほかの人並みで」と学年にお願いしたのですが、受け入れてもらえませんでした。

「本気で不登校支援をやるやつがいるなんて、誰も思ってなかったんだよ。〈テキトーにやって、あとは補教にでも入ってくれればいい〉と思ってたんでしょ。ところが思惑を越えて、堀江さんが熱心に取り組んじゃったんで、戸惑ってるんだな、きっと」と牧さん。「本気で不登校支援をやるやつなんていない」に驚いてしまいました。

また、犬塚さんは、こんなことを言ってくれました。「主に学年主任の分が、堀江さんに行ってるんだと思うよ。担任たちじゃないと思うな」。

調べたら、学年主任の早苗氏がまったく補教に出ていませんでした。ヤレヤレ。理由がわかれば落ち着きます。鋭いお二人に救われる。

❖イジメ解決の陰で起きていたこと

9月に入りまもなく、早苗氏が考えられないことをしてきました。

突然、香織さんを「相談室」に入れ、美術室に来させないようにしたのです。私には何の断りもなしに。

体育の授業に出る度にイジメられていた時だった。イジメ問題がまだ解決されてない段階で、そんなことをされたら元の木阿弥になってしまう。危機感を抱いた。

タンカを切ってやりたかった。けれど、何も言わなかった。怒りは心の奥底にグッとしまい込んだ。相手は学年主任。何を言っても通るとは思えなかった。

ここで私は腹をくくった。香織さんのことは彼女に任せることにしよう。そして、職員会議で報告した。

「いま香織さんに対しては、指導系統が二系列できています。このままでは混乱し、香織さんが困るのは目に見えています。学年のそれ相応の立場の方がおやりになっているのですから、私のほうから遠慮するのが筋というものです。ただ、一言でいいですから、〈今後は自分が面倒みる〉と連絡してほしかったと思います。これからのこともあるので、お話しさせていただきました」

香織さんの家には電話で、「担当が学年主任に変わった」とだけ連絡を入れた。

❖堀江先生を裏切るようでできません

慌てたのは香織さんと、ご両親、そして担任であった。

担任の貴之氏は美術室に来てくれて、「堀江先生でなければ香織はダメになる。引き続いてお願いします」と何度も頭を下げた。学年会でも早苗氏を前に同じことを言ってくれた。あのおとなしい方が……。

香織さんのお父さんがすぐに校長室を訪れた。

「なぜ担当が代わったのか、その理由を教えてほしい。うちの子の指導にあたってくださる方は、どうぞ適切な方をお願いします」とだけ言って去ったという。

この間、香織さんは休み続けていた。数日後に登校すると、一人で校長室へ向かった。

「私がここまで元気になれたのは、堀江先生のおかげです。〈これからは学年主任の先生が担当だ〉と言われても、私は堀江先生を裏切るようでできません。校長先生、私はどうしたらいいのでしょうか？」

香織さんが来たことを、私は知らなかった。校長から呼ばれ、香織さんがそう告げて帰っていったことを知らされた。

校長は、私に頭を下げて言った。

「〈担当から下りる〉などと言わず、引き続き面倒をみてやってください。私からもお願いします」

校長室から出て美術室で一人になった時、涙がこぼれた。熱い涙だった。それぞれの言葉が心にしみた。とりわけ「堀江先生を裏切るようでできません」という、香織さんの言葉が胸を打った。心が震えた。

❖学年主任と〈未知との遭遇〉

早苗氏に二人だけで話す機会をもってもらった。彼女は私のことが「怖い」と言って、逃げまくっていた。けれど粘り強く頼み込み、やっとのことで会談は実現した。

「なぜ、香織さんを選んだのか?」

早苗氏がまっ先に聞いてきたのは、そのことだった。

その頃は、亜希子さんなど2年生の子が複数、別室登校をしていた。その中でなぜ、私が「一番大変な香織さんを選んだのかが、不思議でならない」と言うのです。

私は逆に聞いてみた。

「あなたは、どうして私が香織さんを選んだと思っていますか?」

「私だったら亜希子さんを選んだ。亜希子さんのほうがラクだもん。亜希子さんは転入生。香織さんはもともとうちの学校の生徒でしょ。だから、堀江先生は香織さんを選んだんじゃないの?」

ハア〜。あんまりじゃありませんか。そんな思考をする人がいるのか。私は引っ繰り返りそうになるほど驚いた。あきれたけれど、静かに話した。

「イジメの問題が絡んでいて、香織さんが一番大変だったでしょ。大変だったから選んだんです。それに、親がしょっちゅう怒りの電話をかけてきて、学校の大問題にもなっていたじゃないですか」

今度はアチラが、引っ繰り返りそうになって驚いていた。「大変だから選んだ。そんな人がいるのか」と。

「ラクだから選ぶ人」と、「大変だから選ぶ人」とが、ぶつかり合っていた。お互いに〈未知との遭遇〉の中で仕事をしていたわけです。話し合ってよかった。やっと私が、「本気で不登校支援に取り組んでいる」ことをわかってもらえたのです。

早苗氏なりに感動したのでしょう。平気で補教を私に押しつけていた彼女でしたが、以後は補教に出るようになった。ほかの面でも協力的になった。香織さんをめぐるイジメ問題解決の裏側では、こんな葛藤も起きていたのです。

❖〈不登校支援〉から外される

2年目、私は〈不登校支援〉から外された。

「成果を上げているのは認めるが、形が違う」という理由だ。

〝形〟より〝人〟を優先させた私を、学校側は容認しなかった。独自路線を突き進んだので、「外される」ことはある程度は予測できた。ショックではありましたが、しかたなし。しかし、教室に入れずに鬱々としながら別室登校を続けている子どもたちがいた。それが心配だった。

新年度が始まった。果たして、「形を整えたい」はどうなったのでしょうか。後任の支援教員はいつも職員室にいて、別室登校の子が来ると相談室へ通し、自分は職員室に戻る。子どもに付くことはない。「私は電話連絡も、家庭訪問もしません」と職員会議で宣言した。

別室登校する子は一人もいなくなった。空き時間の教師が割り振られることもなかった。私がやっていた時には、「学校にお任せです」と言っていた保護者の方が、「学校は何もしてくれない」と、怒りまくって校長室で抗議した。支援教員とやりあう子もいた。そして、早くも5月には結果は出てしまった。

6月。「堀江先生のところに行きたい。どうして、堀江先生のところに行ってはいけないんですか」と二人の女子が、それぞれの担任に訴えていた。私が心配していた子どもたちである。

担任と早苗氏から、「面倒をみてほしい」と頼まれた。困り果てた上でのこと。二人は美術準備室に通って来るようになった。

10月頃になると、教頭が美術準備室を頻繁にのぞくようになった。この年に赴任した教頭は、「先生は、ああいう子たちの面倒を見るのが上手ですね。ああいう仕事が、先生には合っている。ぴったりだ」などと褒めちぎるのであった。

❖復活する

年が明け1月になると、1年生の中から不登校生が続出するようになった。1月末、教頭が美術室にやって来て言った。

「1年生の子どもたちのことも心配してやってほしい」

「私は外された人間です。担当の方がおられるのに、そんなわけにはいかないでしょ。そういう立場にはないんです」

「立場だとかなんだとかと言わずに、立場を越えて、思いっきり面倒みてやってください」

一瞬、我が耳を疑った。学校組織というところは、正規の担当者をさしおいて「立場を越えてやってくれ」なんて、およそ言わない。まして、一度は外した人間に対し。仰天!!　どうする?　私にだって意地はある。

しかし、別室登校できずに、苦しんでいる子どもたちがいる。その厳然たる事実の前では、私の意地などつまらないものに思えた。私は要請を受け入れた。

3年目。再び〈不登校支援〉を依頼された。そして、私はどこの学年にも所属しないフリーの立場になった。学校側が〈補教〉問題が起きないように配慮してくれたのだ。

「あなたを外したのは、私の間違いだった」とは言わなかったけれど、校長の心は充分に伝わってきた。

正式復活した私に、もはや「形を整えたい」とか、「美術室でやるのはいかがなものか」などという人はいなくなった。一番の変化は、教師たちが私を求めるようになったことです。担任や学年主任から相談されたり、依頼されることが多くなりました。信頼関係が生まれたのです。

意識していたかどうかは別として、〝形〟か〝人〟かをテーマに、学校としては大いなる実験をしたことになります。私が続けていたら、不満がくすぶり続けていたことでしょう。私のことだけ考えれば、一度は外されてよかったと思っています。結果がすべてでした。仕事がやりやすくなりました。

ひきこもりの子は私の対象ではなかったけれど、担任から依頼があれば家庭訪問も行い、別室登校を促すこともしました。その中から、時々学級に入れる子も出てきました。

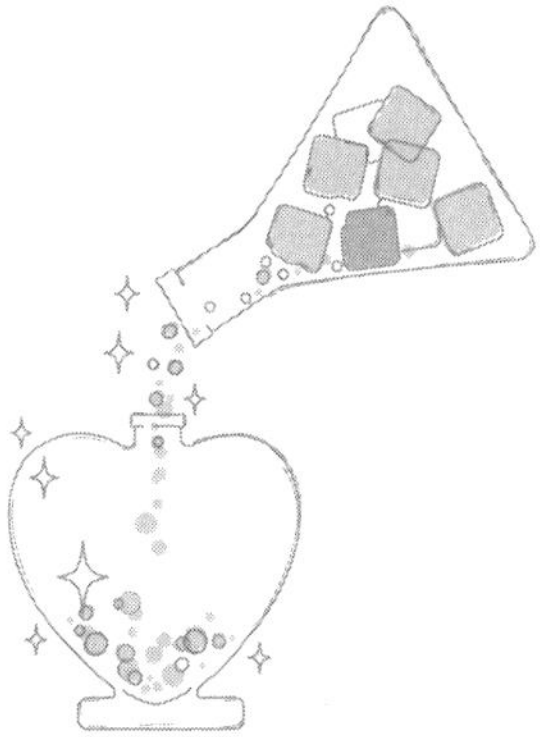

第6章
母子関係に苦しむ子どもたち

1 娘が嫌いなんです

お母さんのストレス解消係

千春さんのお母さんは話好きで、来校されると2、3時間はいました。学校での様子を知らせると、私はもっぱら聞き役に回る。私と話すことで、溜まったストレスが軽くなれば、それでいいと考えているのです。お説教はしない。私の役割は〈お母さんのストレス解消係〉。お母さんが元気になってくれたら、子どもにいい影響を与えてくれるにちがいないからです。

「急がば回れ」

子どもが不登校になると、お母さんというのは気の毒なほど落ち込みます。親しい友人がいたとしても、友人のお子さんが元気に登校していると、その友人に対しても心を閉ざす。ひどい孤独の中であえいでいる。それが不登校の子の親というものなのです。大人だって泣く場は必要です。「私の前でよければ、どうぞ泣いてください」と思っています。たとえ、お母さん自身に何か問題があって、子どもの不登校に影響を与えていたとしてもです。

お母さんを一人にしてはいけない。追い詰めてはいけない。

❖目が父親と似ている

「私、娘が嫌いなんです」

唐突だった。あまりのことに言葉が出なかった。

「私はお父さん（夫）のことが嫌い。出張が多いので、家にいない時はホッとします。だけど、あの子の目が、お父さんの目とそっくりなんです。千春を見ると、お父さんのことを思い出して、あの子のことが嫌いになる」

さらに、

「下の男の子はお父さんに似ず、二重瞼でかわいいんです」

相好を崩して言いのけた。躊躇がない。唖然。あまりに驚いてしまい、何もいえなかった。

子どもは、小・中学生の頃までは、本能的に体ごとグッと抱きしめ、愛情を降り注いでくれる人がいないと精神不安定になる。「何かあるとは考えていたけれど、これだったのか」。千春さんの不登校の一因がわかったような気がしました。

❖ 一転、「私の問題です」

核家族で父は不在がち。千春さんが頼るべきは母ただ一人。そんな家庭環境の中で母に嫌われたら、家に居場所はない。「お父さんの目に似てるから嫌い」だなんて、可哀想すぎます。努力のしようがないではないですか。

この頃から、私は体調不良に陥ってしまいました。彼女の人生を丸ごと引き受けるようなところがあって、それが体にドーンと来るのです。

お母さんに対しては、言いたいことはあったけれど、何も言えないまま過ぎていった。

ところがある日、

「あの子への、私の接し方がいけなかったんだと思います。私の問題です」

お母さんが涙をこぼしながら語り始めた。

弟を溺愛していることをアッケラカンと言い放っていた人が、急にどうしたのだろう。不思議に思い聞いてみました。

長期のお休みの時、千春さんを預かってくれる妹さん（千春の叔母）がいるという。その方に、自身の偏愛ぶりをずいぶんと叱られたのだそうです。千春さんにも抱きしめてくれる人がいた。よかった。

経緯はともあれ、私は清々しい気持ちになりました。人は誰だって過ちを犯します。失敗だってする。しかたないよ。子育てだって、失敗から学べばいい。

母からやさしくしてもらえるようになった千春さん。9月からは、小学校低学年以来続いていた喘息もピタッとおさまりました。人間の体というものは、なんと精神状態に左右されるものなのでしょうか。「強いストレスは、人を病気にしたり、命まで奪うことがある」という、「キラーストレス」の研究がいま世界では進んでいます。

それからの千春さんは順調に学級ですごしました。2年生での臨海学校には行くことができなかったけれど、3年生ではみんなと一緒に修学旅行に行きました。

2 弟を溺愛する母

❖〈平等に〉を、具体的に心掛けてもらう

イジメで私立中学校から転校してきた綾乃さんは、私のところへ来る度にお母さんへの不満を口にした。

「お母さんは弟（小4）ばかりを可愛いがる。私は差別されている。家族で潮干狩に行った時、お母さんが自分を心配するかどうか試すために、姿を隠したこともある。お母さんは、私が家に帰っても〈お帰り〉も言ってくれない。顔だって見てくれない。下を向いたままお台所仕事をしてるんです。でも、弟が帰るとニコニコ笑顔で、玄関まで飛んで行って〈お帰り〉って言うの」

毎日毎日がそんなにもあからさまでは、本当に可哀想。深刻です。

私は、綾乃さんが訴えていることは伏せたまま、お母さんと会い続けた。

ある時、お母さんは、「弟の方がかわいくてならない」と、甘ったるく言った。

「それでは、綾乃さんが可哀想です」と言うと、

「私も母親から兄と差別されて育ちました。私は平気でした。母親なんて、そんな

ものでしょ。母親というのは男の子が好きなのかなと思っていました」

ウ〜ン。私は唸ってしまった。

「お母さんが平気で育ったとしても、綾乃さんが平気かどうかは別だと思うんですが……。いまの子は難しいですよ。昔といまでは、家庭環境も社会環境も違ってしまいました。綾乃さんには、お母さんだけが頼りなんです。同じように愛情を注いでやらないと」

それでもお母さんは、「私は大丈夫でしたから」の一点ばり。

また、ある時はケイタイをとり出して、弟の図工作品の写真をうれしそうに見せました。２点写っていた。綾乃さんのものはゼロ。私は慌てた。私のところには、彼女の作った〈ポップアップカード〉が2作品あった。

「まあ。これ、うちの子が作ったんですか。いいですね」

綾乃さんの作品を褒めながら、撮影してくれた。ホッとする。

「綾乃さんがお母さんのケイタイを覗くこともあるかもしれないでしょ。弟さんのばかりだったら可哀想。平等にしてあげてくださいね」

お説教ではなく、具体物で提示しお願いした。

❖信じる

初対面の時のお母さんは、まったく違いました。

「担任の先生には話してないんですけど……。弟に障害があって、弟のほうにばかりかまけてきたものですから。綾乃にもっと愛情をかけてあげていたら、違っていたと思うんです。私がいたらなかったばかりに……」と涙ながらに、初対面の私に話してくれたのです。

涙するその姿を私は忘れていない。お母さんはわかっている。だけど、現実があまりにもつらすぎて、バランスを崩してしまったのではないでしょうか。だとしても、お母さん自身の接し方が変わらなければ綾乃さんは救われない。根気よくつきあう。

母への反発を強めていく娘。追い詰められていく母。

ある日、突然、お母さんは私を前にしてさめざめと泣いて言った。

「私が間違っていました。姉と弟で差別してはいけませんよね」

障害児の弟と、イジメにあって転校を繰り返す姉を抱えていたら、誰だって苦しいです。同情を禁じえなかった。初対面の時の涙。それこそが真実であると、私は信じ続けた。「私がいなかったら、この子はどうなるのだろう。一生私が面倒をみる」というような気負いや、不憫に思う気持ちが高じた結果、お母さんは弟を溺愛するようになったのではないでしょうか。

それからは、娘と二人でショッピングやコンサートに行くようになった。綾乃さんからは母への不満が出なくなり、笑顔で毎日をすごすようになった。母親との関係改善がなされたことで、彼女の学級復帰は大きく広がっていきました。

3 私にもあった、「母親業失敗」の歴史

❖〈ネコのお母さん〉で苦労する

エラソ〜だな、こんなことを書いてる私は。でも、ホントは私、エラソ〜になんてできないのです。恥ずかしながら、私にも「子育て」では失敗の歴史があったのです。

私の場合は〈ネコのお母さん〉だったのですが……。「なにっ。ネコ⁉　人間とネコを同じにするのか。失礼な」とお叱りを受けそう。ゴメンナサイ。でも、〈ネ

コのお母さん〉とはいえ、私の失敗は千春さんや綾乃さんのお母さんと、とてもよく似ているのです。どうぞ、笑って許して、お付き合いください。

ミーミーちゃん（♂）とナナコちゃん（♀）という2匹のネコがいました。2匹はとても仲良しでした。ナナコちゃんが病死した後、のぞみちゃん（♀）がやってきた。のぞみちゃんは元気活発。先住民のミーミーちゃんにも、私にもお構いなく自由奔放に振る舞った。甘え方も上手。何をしてもカワイイ。

するとと、その頃からミーミーちゃんはソファーや家具に、スプレー（おしっこかけ）するようになりました。どうしてそんなことをするのかがわからず、ミーミーちゃんを叱ってばかりいました。あまりにひどい時には、ミーミーちゃんを捨てたくなるほど嫌だった。

それを話したとき妹に私はひどく叱られた。私がのぞみちゃんばかりを差別的に可愛がるからだというのです。そう言われても、自分の感情に溺れる私は、態度を変えようとしなかった。しかし、毎日続くスプレーにはほとほと困り果て、私は妹の説にのってみることにしました。

「ミーミーちゃんを徹底的に可愛がってみよう！」と決意する。頭を撫でる。抱き上げる。恥ずかしいほどのネコナデ声を出し、語りかけた。演技力でミーミーちゃんを可愛がった。しかしこれが、不思議と通じるのです。「そうか。そうか」というように、ミーミーちゃんは頷いて聞いてくれるのでした。驚いたことに、ネコでも気持ちは顔に出た。トゲトゲしかった顔が、マイルドになっていった。必死に愛せば、その心は必ず通じる。イイ母親になるためには〈修行〉が必要でした。

しばらく時間はかかったけれど、スプレーはなくなり、我が家には再び穏やかで、平和な日々が戻ったのでした。

4 荒れる娘を支え切れなくなって

❖母、カウンセリングを受ける

まだ私が30代の頃、中学校に移ってまもなくのクラスに、紫帆さん（2年）という子がいました。

紫帆さんはひとりっこ。父親に溺愛されて育った。しかし、父親は小学6年生になると豹変した。「勉強、勉強」と激しく迫り、暴力を振るうようになった。中学生になると、さらに激しさが増していった。父親は家庭が貧しく、大学に行きたくても行くことができなかった。自分自身の叶わなかった夢を娘に託したかったのだ。

「おまえには、俺のような思いはさせない。俺が一生懸命働いて、おまえを大学に行かせてやる。大学に行け。いい大学に行け」

紫帆さんは父親に反発し、カッターナイフでふすまや壁、家具などを傷つける。物を投げる。蹴る。5月になると、不登校傾向を示すようになった。

やがて、母親にも牙をむき始めた。リストカット、家出……。母親は疲れきり、頻繁に私のところへ来るようになった。市の電話相談も受けるようになった。しかし、思わしくないと言う。電話相談を頼るほどの気持ちがあるのなら、もっとしっかりとした専門機関を頼ったほうがよい。あのお母さんなら、〈精神科〉を勧めてもきちんと受け止めてくれるにちがいないと考え、養護教諭と相談し、評判のよい〈思春期外来〉を紹介した。

母親はカウンセリングに行ってくれた。ただ不可思議なことがあった。ドクターは「カウンセリングはお母さんを通してできます」と言い、紫帆さん本人の同席を求めなかったという。本人なしに、どうしてうまくいくというのか。

「母ひとりのカウンセリング」は、どうなっていくのでしょう。

❖あなたのお子さんのいいところは

2か月ほど経った頃、お母さんが学校に来てくれました。久しぶりにとても明るい顔をし、声が弾んでいました。

「カウンセリングは10日に1度、1回は40分で行われます。〈こうしたほうがいいですよ〉みたいなアドバイスはまったくなくて、毎回先生がいくつかの質問をするんです。この間は、こんなことを聞かれました。〈あなたのお子さんのいいところは、どんなところですか〉と。

うちの子のいいところ？　答えられませんでした。出てこないんです。考えても、考えても出てこない。昔は自慢の娘だったのに。いまは口を開ければ悪口ばかり。悪口だったら、どんなにでも言えるのに、いいところは言えない。

娘を責めてばかりいる自分。悪口ばかりしか言えない自分。私のほうこそ、おかしいのではないかと思うようになりました。どんな人にもいいところはあります。

それからは、紫帆のいいところを見つける努力をしました。そしたらあったんです。あるんです、うちの子にも。いいところは」

ドクターの放った、たった一言。「あなたのお子さんのいいところは？」で気づかされたという。本人なしに、お母さんを通してできた！　カウンセリングは上手な方がやると、うまくいくものなのですね。すっかり感心してしまいました。しかし、気づいたお母さんも賢い方です。

親はいつも子どもを包み込み、支える存在としてシャンとしていなければならない。親がシャンとしていなかったら、子どもはシャンとできない。ただ、毎日が修羅場の中だったら、それは難しかった。母だって崩れてしまう時があります。そんな時に、プロフェッショナルな力に支えられ、母は成長できた。娘を包み込める存在として復活した。それが娘の成長につながったのです。

紫帆さんは落ち着きをとり戻し、学校にも徐々に来られるようになった。高校受験にも成功。その後は大学進学も果たした。

コラム

女優を美しく撮る秘訣

紫帆さんのことを思う時、私はこんな話を思い出す。それは映画監督の山田洋次さんの講演で聞いた話です。

長く日本の人々に愛され続けている、映画『男はつらいよ』。作品には毎回、寅さん憧れのマドンナが登場した。マドンナ役の女優さんは『男はつらいよ』に出ると、ほかのどんな映画、テレビに出た時よりも美しく撮られていると評判だった。

しかし、そこには監督、スタッフの努力があったという。

山田洋次さんの話。

マドンナ女優たちも実際に来てもらったら、とても嫌な人だったということもあるのです。しかし嫌なヤツだと思っているうちは、絶対にいい映画は作れない。スタッフみんなで、毎日毎日マドンナ女優のいいところを見つけっこするのです。〈こんないいところもあるよ〉、〈あんなところもある〉、〈ここはいいところだね〉などと。すると、その思いが通じて、マドンナ女優はめきめきと美しくなるのです。

『男はつらいよ』の人気の陰で行われていたこうした努力は、親子の関係づくりにも共通していると考えています。

❖お母さん受難の時代

昔は大家族で、みんなで子どもを見てくれました。家族のうちの誰かが可愛がってくれて、バランスが保たれていたのではないでしょうか。近所の人たちもかまってくれました。しかし、いまや地域のつながりは希薄になり、大半が核家族となってしまった。

「嫁姑問題」は、昔ほど苦しくなくなった。けれど、「子育て」はお母さん一身にかかってしまった。イクメンパパが話題になるとはいえ、まだまだ母親に負うところが大です。「物事は、いいことばかりではないな」としみじみ思う。

千春さんだって、綾乃さんだって、大家族の中で育てられていたならば、あんなにも苦しまずにすんでいたのではないでしょうか。いまは〈お母さん受難の時代〉です。だけど、お母さん方は「自分の幸せのためにも」と考えてみたらどうでしょう。きっと道は開かれていくはずです。

コラム

心が開かれていく保護者面談のコツ

保護者と面談する時に心がけていること

ここで、私が保護者との面談で心掛けていることを紹介します。

まず、前提として、何をするにも〈信頼関係〉を築くことが大事です。それらを踏まえて、読み進めていってください。

ステップ1

「やってはいけない」心構え

「親に問題がありそうだから探ってやろう」

「親に何かを教えてやろう」

「親の考えを変えよう」

こうした心構えで面談に臨んではいけません。まずは〈信頼関係〉を築くことだけを考えます。

他人の人生観など、簡単に変えることはできないのですから、無理はしない。

ステップ2

向き合い方（座る位置）に気をつける。

・〈斜め45度〉で向き合う

1対1で話す時は、斜めに席をとるようにしています。机を挟んで真正面に向き合うのは、警察の事情聴取をしているようで嫌なんです。視線が真正面に当たって、クイッと見られていたら、息がつまってきませんか。

私は池上彰さんの〈テレビ上の〉おっかけをしています。そんな池上さんが、朝の情報番組「あさイチ」に出演した時のことでした（NHK総合／2017年1月6日放送回）。

その日は〈池上さんが出演者をインタビューする〉という企画だった。最初、インタビュー相手と真正面に座ることになった池上さんは、どこか不満げな様子。即座に座る位置を変えて、こう言った。

「インタビューする時には〈斜め45度〉が大切なんです」

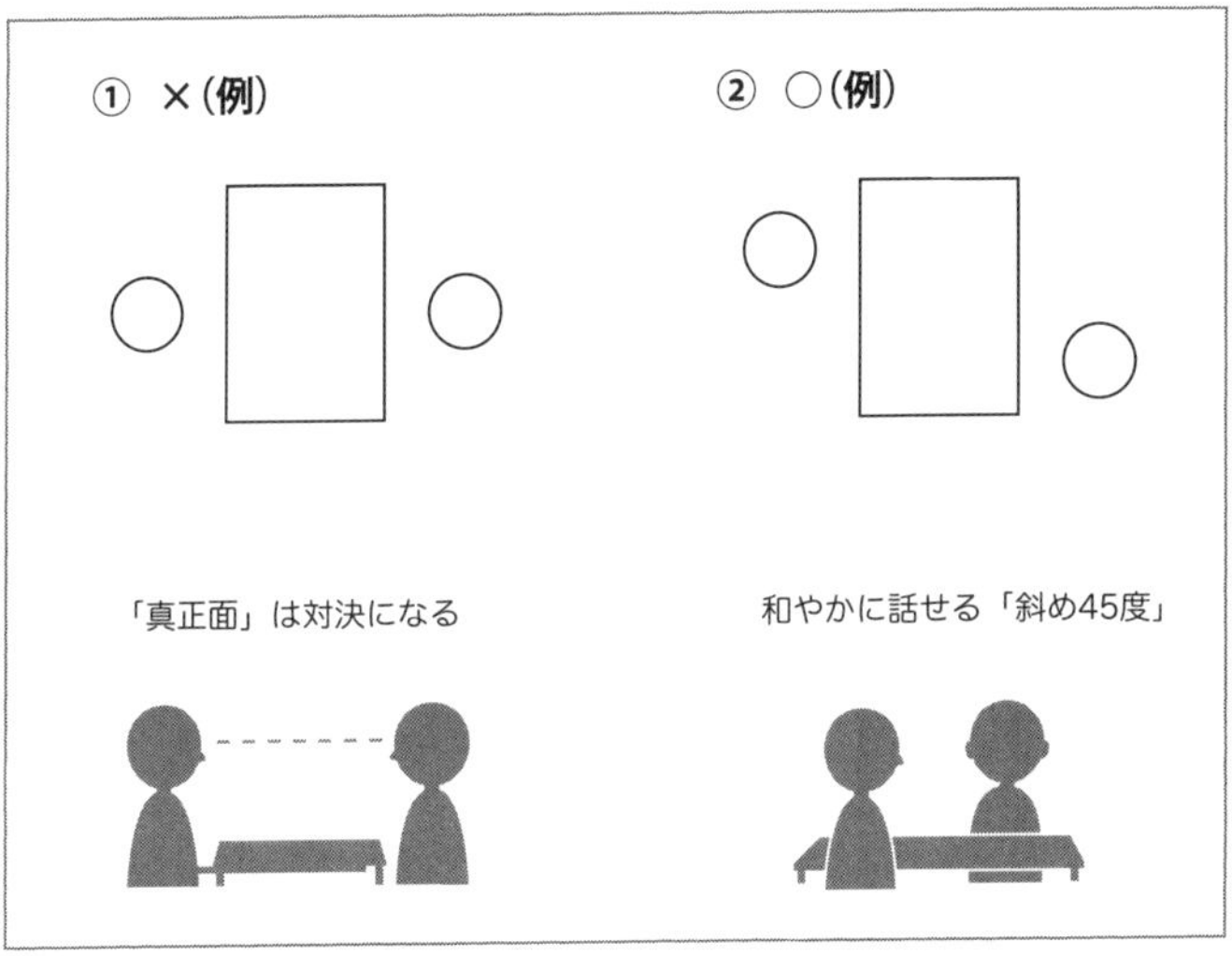

それを見た私は、「オオッ〜。私と同じ」とコーフン。だけど、池上さんはやはり違います。〈斜め45度〉と具体的に数字をあげられるんだもの。「真正面で向き合うと、〝対決〟になるから」というのが理由です。

〈斜め45度〉という視点でインタビュー番組を見ていくと、ゲストとインタビュアーはたいがい〈斜め45度〉に向き合っています。テレビ業界では、至極アタリマエのことなのでしょう。自然体でできるので私は好きです。皆さんも実践してみませんか。

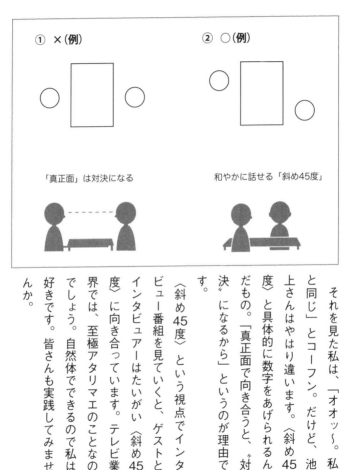

ステップ3

世間話のように気楽に

①来てくれたことへの感謝の思いを伝えてスタート。
②メモをとるのは、事前に了承を求めてから。
③「合の手」を入れながら、時々コメントをはさむ。

いよいよ対面。まずは挨拶から。挨拶は会話の潤滑油。

面談が始まると、気になるのは②の「メモ」の問題です。メモをとらずに聞ければよいのでしょうが、なかなかそうもいきません。何も言わずにとれば、警察官が事情聴取してるようでカンジワル～イ。了承をとりましょう。
③の〈合いの手〉は、ただ「うん、うん」と言うだけでは嫌われます。私が面倒を見ていた子どもたちは、スクールカウンセラーのところへは行きたがらなかった。「〈うん。うん〉言うだけだから、つまらない」と言うのです。壁に向かってしゃべっているみたいではね……。
「そうだったんですか。よかったじゃないですか」とか、「家ではよくお手伝いす

るの。やさしい子ですね」とか、世間話をするみたいに、気楽に合の手を入れます。〈合いの手〉に加えてもうひとつ。こんな手法はいかがでしょうか。

④〈おうむ返し〉を入れる（一言コメントもつけて）。

たとえば、お母さんから「うちの子、英検３級になりました」という報告を受けたとします。そこで、「それはすごい」と言うだけでなく、「英検３級」というキーワードを〈おうむ返し〉にして入れるわけです。

母親「うちの子、英検３級になりました」
堀江「英検３級。それはすごい！　やりましたね」

そうすることで、「先生はちゃんと聞いてくれている」と思ってもらえます。また、〈おうむ返し〉を入れることにより、話を聞く側（私自身）の中にも内容がインプットされます。

⑤労いや感謝の言葉を述べる。

一通り聞き終えたら、最後に「大変でしたね」「つらかったでしょう」といった労いや、「思い出したくもないことだったでしょうに、よく話してくださいました」「ありがとうございます」といった感謝の言葉を述べましょう。

❖「共感する」とは？

綾乃さんのお母さんと、初めて面談した時のこと。教頭が心配していたので、「お母さんが涙をこぼして、障害児の弟のことや、綾乃さんのイジメにあっていた経緯などを語ってくれたんです」と報告した。すると、教頭が興奮気味に言った。

「すごいね。サスガだ。弟の障害や自分のいたらなさまで、初対面で話してもらうなんて。堀江さんが共感してあげたからだよ。これがなかなかできないんだよ、ほかの先生たちは」

うれしかったけれど、違和感があった。

「共感してあげた」という言葉に。私は「共感してあげなければ」と考えて、そうしたわけではなかったのです。しかし、思えば私も簡単に「共感する」という言葉を使ってしまうことがあります。

人が人に共感するとは、どういうことなのでしょうか。

この時の私は「母親は、自分がされる以上に、我が子の受けるイジメはツラいのではないか」と考えながら聞いていたのです。つまり、相手の立場に立って会話していた。

「相手の立場に立つ」。それが〈共感する〉ということではないでしょうか。

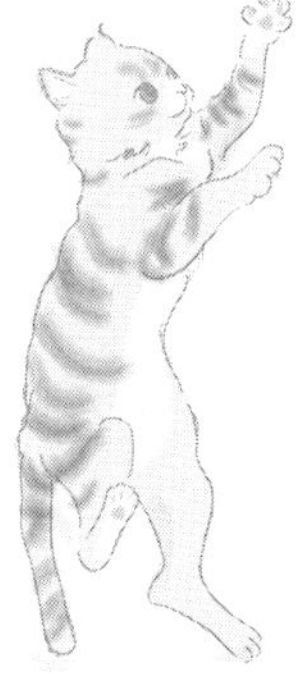

第7章 卒業・自立の時

1 届けられたメッセージ

❖受験

香織さんたちは3年生になった。〝受験〟と向き合う。

不登校の子どもたちにとって、〝受験〟は、ほかの生徒以上に重くのしかかる大問題でした。

ほとんどの子が公立高校を志望。公立高校発表の日は私までドキドキ、落ち着かなかった。発表場所からケイタイで知らせてくれる子もいれば、美術室まで来て報告してくれる子もいた。

そんな中、全員が合格！　それぞれにドラマがあった。たいがいのお母さんが泣いていた。

だけど、ただ一人、報告がない子がいた。千春さんだ。学級復帰した後、通りすがりに、彼女から言われたことがある。

「私は不登校なんかじゃなかった。先生たちが勝手にそう思い込んでいただけだよ」

うん⁉

一瞬いぶかしく思った。けれど、すぐに察した。彼女は私を否定したのではなく、不登校だった自分を否定したかったのだと。以来、彼女とは距離をあけてきた。だけど、〝受験〟だけは別。私から声をかけて「おめでとう」と握手した。

「なんで知ってるの？」

はにかみつつも、千春さんはうれしそうだった。

❖気持ちを伝えてくれてありがとう

卒業式を間近に控えた頃、３年生の全生徒からメッセージカードが届けられた。「お世話になった先生たちにお礼の気持ちを伝えよう」と学年で取り組んだものだという。多くの子が授業について書いてくれている中、〈不登校〉に触れて書いてくれた子が二人いました。

> ２年間、お世話になりました。２年生の時は、もっとお世話になりました。とても感謝しています。ありがとうございました。（千春）

千春さんにとって、私と一緒にすごした日々は、消し去りたい記憶だったはずです。なのに、「2年生の時は、もっとお世話になりました」だなんて。さりげない表現の中に、精一杯の気持ちが溢れていました。粋です。温かいものが、私の体の中を流れていった。

❖涙の吸い取り紙

もう一人は泉さんです。友だちに謝ることができずに、支援が長引きました。時々は学級にも入っていましたが、完全に入れたのは卒業間際でした。

堀江先生には、一番お世話になりました。悩みがある時、一番に気づいてくれるのが先生でした。

いつまでもオシャレで、明るい先生でいてください。（泉）

表情に出やすい子でした。美術室に入ってきたとたんに、「何かあったな」とわかった。私の前でもっとも多くの涙を見せた子。そんな泉さんから、「悩みがある時、一番に気づいてくれるのが先生でした」なんて書いてもらったら、もうたまりませんでした。悲しい時、苦しい時、涙をこぼせる場所が人には必要です。「〈涙の吸い取り紙〉くらいの役目は果たせたかな」としみじみくるものがありました。

❖卒業式の日の訪問者

卒業式を前にして美術準備室で身支度を整えていた時だった。

トントン。

「誰だろう？」

ドアを開けると、香織さんが友人と立っていた。「先生、これ。お母さんと一緒に見つけたんだ」と言って包みを差し出した。〝ピンクのネコのペンダント〟だった。うれしくて、胸につけて式場に向かった。

式後には泉さんが、お世話になったお礼にと、「子ネコのぬいぐるみ」を届けに来てくれました。子どもたちは、私がネコ好きなのをよく知っている。「泉ちゃん」と名付けた。「泉ちゃん」はいつも私の車の中にいる。あれから車は3代目になった。車が変わっても、いつも私と一緒。「泉ちゃんおはよう。元気？」と声をかけてから、今日も車を走らせる。いまでは、私の守り神みたいになっています。

❖ああ、いい卒業式だ

3月9日晴れ。青空の下、私が〈不登校支援〉で出会った子どもたちの初めての卒業式を迎えました。

以前は、「卒業式はもう少しフランクなほうがいい。形式ばってる」なんて、式のあり方に不満を抱いていた。しかし、この日ばかりは違っていました。形式ばっていようが、堅苦しかろうが、そんなことはどうでもよかった。孤高の人・涼子さんも入っています。千春さん・香織さん・亜希子さん・理奈さん・泉さん、3年生になってから加わった純一君、私の関わった生徒7人が式場にいるのです。在校生席には2年生の美華さん。「来年は、私がここにいるんだ」と思いながら、見守ってくれています。

7人それぞれの子の、私とすごした時の姿が、壇上でそれぞれの姿に重なっていく。その姿を追っていたら、胸がいっぱいになってしまいました。最後に、全校合唱「大地讃頌」が、式場いっぱいに響き渡りました。「ああ。いい卒業式だ」。「いい卒業式でしたね」とお母さんたちと言葉を交わした。この日の私は教師というよりも、母親のような気持ちになっていた。母親もいいな。こんなにも感動できるのだもの。

❖子グマのかわいい手紙

夕方、「ネコのペンダント」のパッケージを片付けていたら何かが引っ掛かった。

カサッ、カサッ。

アレッ、ナニ⁉

そこから子グマの絵のついた封筒が出てきた。手紙でした。レース模様の可愛い便箋に、一字一字ていねいに書かれていた。


2年間本当にお世話になりました。先生とは、どの先生よりも一緒にすごしたね♡　いろいろ困っている時に話しかけてくれて、毎日のように美術室ですごして……。誰にも言えない悩みも、先生には何でも相談できたし……。授業に出られるようになってからも、いつも声をかけて心配してくれてうれしかったです。あの時の先生の支えがなかったら、今もずっと弱いままだったと思います。でも、先生がいてくれたから、少しは強い人間になれたと思っています。本当に感謝の気持ちでいっぱいです。言葉や文章ではうまく伝えられないけど……。
ありがとうございました。
先生とすごした日々は、絶対忘れません。つらくなったら、先生の言葉を思い出して、逃げずに立ち向かっていきます。先生もがんばってね。（香織）

❖強くなって、新たな世界へはばたいていった子どもたち

心をこめて書いてくれていることがよくわかりました。涙で目がかすみ、なかなか一気に読むことなんてできませんでした。すっかり私の心は、濡れてしまいました。

最初の「先生とは、どの先生よりもすごしたね♡」にグッときた。「全身全霊、魂込めてあなたを支えます」の最大の子でした。イジメによる苦しみが大きかったぶん、私にとって、もっとも忘れがたい子となりました。印象深かったのは、次の言葉。

「あの時の先生の支えがなかったら、今もずっと弱いままだったと思います。でも、先生がいてくれたから、少しは強い人間になれたと思っています」

香織さんは、学級復帰してからずっと平和にすごしていました。しかし、ある時、仲良くしていた友人とケンカしてしまった。その時、こんなふうに語ってくれていたのです。

「前だったら言われっぱなしで、落ち込むばかりだったけど、その場で言い返すことができたの。先生、私、強くなりました」と。

小百合さんやお母さんからも「香織は強くなった」と聞いていた。それは、私が彼女に望んでいたこととは違っていた。しかし、手紙にある、

「少しは強い人間になれたと思っています」

を見たら、「これが正解だったんだ！」と思った。

所詮、自分を守れるのは自分だけです。困難にあたって、逃げ出すことなく、強く立ち向かうことができたら、自分を自分で守れるようになります。〈自立〉できます。私の〈不登校支援〉のテーマは、「ひとりでも生きていけるようになってほしい」であった。「私たちは、強くなって旅立ちます」と伝えに来てくれた子がいた。しみじみくるものがありました。最高の幸福感に包まれる。これ以上ない、いい卒業式となりました。

私が子どもたちを支えていたことは、確かなことです。けれど、また子どもたちによって、私も支えられていました。それもまた確かなことです。私たちは同じ時を生きた、かけがえのない同志でもあった。力を合わせて乗り越え、成長し、巣立ちの時を迎えることができました。ありがとう、子どもたち。

子どもたちが寄せてくれたメッセージが、いまでも私の心を豊かにしてくれています。

大事な、私の宝物。

第７章　卒業・自立の時

「私」をつくったもの ～これまでと今と～
自分らしく生き、自分らしく学びつづける

難しかった〈不登校支援〉の仕事ですが、なんとか続けることができました。それは、「自分を通すことができたからだ」と考えています。しかし、一朝一夕に、そうなれたわけではありません。

「教師をやめたい」と考えていた教師2年目、〈師〉と仰ぐ人、尾形文江さん（同じ学校の先輩）と巡り合い、「どう自分をつくっていったらよいのか」を考えるようになりました。

「自分らしく生きる」

生涯かけて自分をつくってきた結果が、〈不登校支援〉に凝縮されていきました。

教師4年目には、私の人生を決定づけた仮説実験授業とも出会うことができました。本書にもたびたび仮説実験授業研究会の方々が登場してくださっております。

大元を辿れば家庭環境や家庭教育、成育歴にも行き着きます。〈師〉〈仲間〉〈家族〉によって支えられ、学び続けてきた人生。どんな人たちによって私は育てられ、鍛えられてきたのでしょうか。

❖愛情深く育てられる

戦後2年の1947年、磯の香匂う漁村に私は生まれました。

戦後まもなくで、傷痍軍人がアコーディオンを奏で、町には物悲しいメロディーが流れていた。庭の片隅には防空壕があった。町にも家にも〝戦争〟の影は色濃く残っていた。幼い時の家族の話題は、「戦争」にまつわるものが多かった。「戦争は嫌だ。悲惨だ。それなのになぜ、人は戦争をするのだろうか?」と〝戦争〟に疑問をもって育つ。

二人姉妹の長女。2歳違いで妹が生まれた時には、11人という大家族でした。曾祖父、父の姉妹弟たちもいた。祖父の代に家業(網元)に失敗し、家屋敷は抵当にとられた(借金が完済されたのは、中学校1年生の時だった。完済記念に父はテレビを買ってくれた)。父と母は新たに水産加工業を始める。「サンマの開き」や「鯖節」などを作った。船宿もやっていて、季節になると漁師さんたちがやってきた。初めての幼子(私)の誕生を、大勢の人たちが喜び可愛がってくれた。

妹が生まれると、ますます忙しくなった母に代わり、祖母が私に添い寝して育ててくれました。祖母はどんな時も私の味方だった。私のすべてを受け入れ、可愛がってくれた。子どもは理屈抜きで抱きしめてくれる人がいないと、うまく育っていかない。〈不登校支援〉で母親にちゃんと愛してもらえていない子がいると、私は必死で支えた。それは祖母に可愛がられた体験が、そうさせていたのではないでしょうか。

❖子ども〝役立つ存在〟であることを求められた

祖父は鶏を飼い、伊勢エビとりをしていた。夏の早朝は祖父が伊勢エビとりから帰ってくると、一家総出で網にかかった海草やゴミをとった。

家は借金だらけで貧しかったけれど、田畑もあり、伊勢エビ・サザエ・魚・近所の人がくれるアワビなどを食べていたので、貧しさは感じなかった。肉は高くてめったに食べられなかった。

小学校5年生から、夕飯の支度は祖母と私の担当となった。春休みには家で働く人たちのために、祖母と一緒に昼食作りもした。20数人分のサザエカレーやサバの子の煮付けを小学生の私が作った。みんなが「おいしい、おいしい」と食べてくれた。料理を作るのが好きになった。祖母の作る五目寿司は抜群にうまくて、今でも語り草になっている。まだ竈炊きの時代であった。自営業だったから、「家の仕事をしろ」

と言われるのはごくアタリマエのことだった。

家が忙しい時は、〈接客〉も私の仕事だった。お茶やお酒を出し、小学生の私が話相手になった。その頃の子どもたちは、〝守られる存在〟でありながら、〝役立つ存在〟としても求められた。任された時には、一人前扱いされているようで、少し誇らしかった。

食卓の話題は〝商売〟のことが多かった。「うちで作るサンマの開きは日本一だ。築地でも有名なんだぞ。なぜ、うちのサンマが優れているかというと……」、父はうんちくを傾け自慢した。そばで母も「そう。そう」と頷いていた。「たかがサンマの開き」と思われるものを丹精込めて作り、品質のよさを誇る両親の姿は、小さな私の誇りでもあった。

「高品質の物を作り喜んでもらう」。その価値観は家風となり、私にも受け継がれていった。

❖母と父から学んだもの

私は母、22歳の時の子であった。若き母から、〝跡取り娘〟教育を授けられた。従業員は時給制であった。母から「働きのよい二人の人がいる。見てやらなければならない。額面とは別に、そっと千円札を数枚は余分に入れておくものだよ」と言われ、10日に一度の支給日には、それを私に入れさせた。盆暮れには、草履や桐の下駄を母とみつくろって届けた。「少し色をつける」を、幼いうちから叩き込まれた。「年寄りと病人には親切にするように」と言われ、弱っていた曾祖父や親戚の年寄りの担当は私だった。母はそれぞれの人の業績を語ってきかせた。「敬愛の念」をもって接することができるようにしたのです。家業は継がなくてもよいとされていたので、〝跡取り娘〟として恥ずかしくないように礼儀作法を教えておきたかったのでしょう。

真新しい制服に着替えた中学校入学式の朝、「座れ」と父に言われた。「また叱られるのかな」と思ってこわごわ座ると、

「今日からお前を大人扱いする。いままで怒って叩いたこともあったが、今日からは一切しない。だから、これからは自分でよく考えて生活しなさい。自分の責任でやるように」と父は言った。

実際にそうした。「怖いだけの父ではなかった」と、今にして感慨深く思う。

世間体を考えてつくろうのが嫌いな人だった。ザックバラン、率直を宗とした。父という大きな壁が、子どもの私を悩ませてきた。しかし、この壁が少しばかりの

ことでは挫けない、強い子に私を育ててくれました。「誰におもねることなく独立独歩、〝一国一城の主〟的に力強く生きる生き方」は、父から来ている。私の思考は自営業者的である。

❖「侵略戦争だった」と知る

高校では本来の教科授業をそっちのけで、詩を語ってくれる教師が数人いた。英語の教師から、〈超現実主義〉の詩を教えられ、好きになった。後に主体的児童詩（通称「たいなあ詩」）をやる基盤になった。

「唯物史観とはなんぞや？」という講義から始めた世界史の教師がいた。杉山三枝先生という。新しい歴史の見方や考え方で教えてくれた。「あの時の戦争は侵略戦争だった」と教えてくれたのも先生であった。空襲に原爆、アメリカの被害国としか考えていなかった私には、天と地がひっくりかえるくらいの驚きであった。何のために人々は死ななければならなかったのか。戦争の酷さを、この時ほど感じたことはなかった。教師になった時、侵略戦争に加担するような教師になってはいけないと考えた。「教え子を戦場に送るな」という言葉が浮かんだ。

後に仮説実験授業にめぐりあった時、最初に読んだ板倉聖宣先生の著書の中の、

「仮説実験授業の由来と原則」（『子どもの変革と仮説実験授業』明治図書に収録）に感銘する。そこには、「敗戦体験に基づき、デマ宣伝とか他人に惑わされぬ主体的な人間を確立することを最重要視して、仮説実験授業をつくった」と書かれていた。以来、戦争に限らず日々の生活の中でも、「デマ宣伝とか他人に惑わされぬ主体的な生き方をしなければならない」と考えるようになった。

❖自分らしく生きてない

１９７０年大学を卒業。両親に勧められ教師になった。

4月、小学校5年生からスタート。子どもたちは可愛かったし、授業もきちんと受けてくれた。

2年目になった。無難に教師生活を続けていた。しかし、私の中で変化が起きていた。「なんだかむなしい」のです。どこか心が空洞化したような状態だった。「教師やめたい。教師やめたい」と考えるようになっていた。

その年の6月のことだった。校内で授業研究会がもたれた。尾形文江先生（当時36歳・故人）の理科の授業を見る。「こんな授業が世の中にあるのか」と目をみはった。子どもたちが活発に討論し合い、先生は「はい」「はい」と指名するだけだった。

子ども中心の授業。温泉につかっているかのように、気持ちよさそうに授業する先生の表情が素敵だった。憧れた。

その日の放課後、「弟子にしてください」と教室にお願いにあがった。しかし、激しい拒絶に出くわす。「あなたのような人に教える術を、何ひとつ持たない」と言われた。ショックだった。理由を聞かずにはいられなかった。

「なぜならば、あなたは自分らしく生きてないからです」

ガ～ン！　打ちのめされた。瞬時に、思い当たることがあった。

「あの時からだ。あの時から私は自分を捨ててしまった」

肩を落とし、去りかけた私に「待って。もしかしたら、あなたはいけるかもしれない。あなたは服装が派手だから」と尾形先生。「妙なことで評価されたな」と思ったけれど、「見込みがある」と言われたのですから、それはもう天にも昇るほどうれしかった。「あの時」とは？

❖内申書で担任に脅される

中学校3年3学期の学級委員を決める時だった。担任は投票で決まった女子生徒から、自分がひいきする生徒に学級委員を「変える」と言い出した。許せなかった。

「投票結果を尊重すべきだ」と仲間たちの先頭に立ち、猛抗議した。騒然とした中で、担任は折れた。担任との闘いに勝ったのだ。しかし、それが担任との関係を決定的にした。進路指導で、「内申書で脅す」という手に出た。そんな卑劣なやり方があることを知らなかった。ひたすら怖かった。「教師は権力者。権力や体制に抗うと人生を狂わされる。おとなしくしていよう」。

この時から人生観を変えてしまった。私は志願変更し、担任の勧める高校に行った。ただ、変更したのは担任のせいとばかりはいえない。もともと志望した学校には友人が誰も行かなかったし、家の人たちも賛成しなかったという理由もある。しかし、内申書で脅されたことは、私の中では大きな傷となった。

しかし、行った先の高校では、生徒の方を向いている素敵な先生たちに出会えた。〝まさかの人生〟もよかった。それが、私の救いとなっています。

❖「自分らしく生きる道」を選ぶ

高校・大学は自分を押し殺して生きてきました。しかし、「自分らしく生きてない」と尾形先生から指摘され、それまでの人生を振り返った時、一番たのしかったのは中学生時代だったと気づかされた。しかし、はみ出したら「また人生が狂わされるかもしれない」と怖かった。でも、「自分らしく」生きなかったら、尾形先生には認めてもらえない。「弟子にしてもらいたい」。その一心で、「自分らしく生きるしかない」と決断した。

「自分らしく生きる」と決めたとたんに、周囲と軋轢が起きた。しかし私は負けなかった。

半年たった頃、尾形先生が「そろそろいいでしょう」と声をかけてくれた。尾形先生とはその間、まったく交流はなし。ひとり闘う私を見守ってくれていたのであった。いまにして思うと、「まずは、はみ出してしまいなさい。周りを気にしながら、新しい教育なんてできませんよ。新しい教育をしたいのなら、覚悟をもってのぞみなさい」と言いたかったのではないでしょうか。

レッスンを始めてすぐに師は、自分のやっていることは私に合わないと気づき、「あなたに合うものを見つける旅に出なさい。いまは民間教育運動が花盛りだから、1年もすれば必ず見つかるでしょう」と言った。うかつにも私は、〝民間教育〟というものがあることを知らなかった。教育には〝文部省〟と〝日教組〟しかないと思っていた。それからは、教育書にあたるようになった。

❖仮説実験授業とめぐりあう

3年目、小学1年生の担任になった。子どもたちの創造性がはばたくたのしい詩、「主体的児童詩」と出会う。子どもたちはエッチな詩ばかり書いた。しかし、それが主体的児童詩の世界でとり上げられ評判になった。

4年目。1973年5月、社会科の会に出かけた。行ってすぐに後悔した。「つまらないところに来てしまった」と。しかし、その会で山本正次さん（当時大阪の四條畷学園小学校・故人）と出会い、仮説実験授業を紹介された。この出会いが、私の人生に決定的なものになろうとは。

「仮説実験授業は授業プランが確立されていて、情熱さえあれば誰にでもできる、たのしい授業です」と山本さんから教えられた。〈授業書〉（教科書兼ノート）というものがあって、それを印刷して渡せば授業ができた。授業書は科学の本質で貫かれていた。「私にもできそう」と好印象をもった。

関東仮説実験授業研究会の例会が、東京の暁星小学校で月1回開かれていた。すぐに6月から参加した。板倉聖宣先生と出会う。板倉先生は毎回たのしい実験を見せてくれていました。「鉛筆は電気を通すか」や「磁石につく石はあるか」などという問題を出していた。よもやと思う結果ばかりで、私はよく間違えた。間違えたけれど、たのしかった。先生に出会うまでは、「知らない」とか「わからない」と言えなかったのですが、外れるとあまりにも喜んでくださるので、板倉先生の前では「私、知らな～い」と平気で言えるようになった。

❖「教師やめたい」と言わなくなる

開けっ広げになれた。そんな私の真骨頂が発揮される時が来た。

1974年2月、2年間受けもった子どもたちとのお別れが近づいていた。《豆電球と回路》の授業（小2）をする。私の理科オンチぶりが露呈した、たのしい授業となった。子どもたちが「小さな科学者」に見え、全授業記録をとった。この時の記録は本になっている（※後注3）。「子どもたちの素晴らしさ」というものを、はじめて認識できた。心の底から「仮説実験授業は素晴らしい」と思えた。私は「教師をやめたい」と思わなくなっていた。

やがて、『教師6年プラス1年』（犬塚清和著、仮説社）という本に出会った。その前書きには、こんなことが書かれている。

「自分をすてて社会に順応することをモットーとして生きるか、それとも少しぐらい社会の価値基準からはみだしても自分自身で生きる道を選ぶか、それはひとりひとりが選択しなくてはならないと板倉さんはいう。ぼくもその通りだと思います。より素晴らしく生きたい、どういう生き方がすばらしいかはその人がきめることです」（犬塚清和『教師6年プラス1年』仮説社）

「生きるスタイル」は犬塚清和さんから影響を受けるようになった。迷う時には、「少しぐらい社会の価値基準からはみだしても自分自身で生きる道を選ぶか」と自らに問いかけるようになった。

❖「自分らしく生きる」を確立するのに20年

尾形先生とは、同じ学校で6年間一緒にすごしました。毎日、喫茶店で話をしてくれた。それが私へのレッスンだった。教師としての心構えや考え方を教えられた。たとえば、当時の教育界で大きく議論されていた〝アノ〟問題については、こんなふうに語ってくれた。

「〈君が代・日の丸〉反対というのは、軍国主義反対というんでしょ。だったら、あなたの掃除の時の子どもたちへの態度は何？　命令口調じゃない！〈君が代・日の丸〉反対というなら、わが内なる軍国主義的言動に、その思いを向けなさい」

グーの音も出なかった。「放った矢」は自分にも向けよ。

尾形先生と出会って2、3年経った頃、自分では「ずいぶん自分らしく生きられるようになった」と考えていたのですが、「まだまだよ。もっと自分を出しなさい」と言われた。

「これ以上出すとワガママになります。まずいのではないでしょうか」

「ワガママでいいじゃない。そこが、あなたの魅力なの。もっと自分を出しなさい」

私は涙が出そうになった。

〝自分らしく生きる〟ということは、存外難しいことでした。文章を書くたび、私は「まるでストリップショーを開いているみたいだな」と思った。一枚、また一枚と、まとっている衣をはぎとっていかなかったら、文章は書けなかった。それを意識しなくなったのは、40代半ばを過ぎてからだ。〝自分らしく生きる〟を確立するのに、20年かかったことになる。容易ではなかった。

「堀江先生は生徒にも本当の姿を見せる」と、美華さんは褒めてくれた（22頁）。

いままでの生徒や、師を代表して褒められたようで、しみじみうれしかった。

❖仕事が趣味になる

1978年、教師9年目。新たな動きが仮説実験授業研究会の中で起きた。

当時はまだ理科を中心とした会だったが、板倉先生が松本キミ子さんを見出し、「例会で絵を教えてもらいましょう」と言った。私は反発した。理科オンチだったけれど、絵も苦手だった。「イヤダ、イヤダ、絵を描くなんて」。尊敬する板倉先生の言われることであってもイヤだった。描かなくてもすむように、その日は遅れて行った。なのに、描かなければならないハメになった。心底イヤだった。

それからまもなく、またも絵を描くハメになった。「もう金輪際イヤ」と思っていたけれど、次に描いた絵が性に合っていた。面白くなった。次々と絵を習った。その後、実際に私が教えても、子どもたちは全員が上手に絵を描けた。いつのまにか「キミ子方式」に誰よりものめり込んでいた。感激して授業記録をとった。1982年、松本キミ子さんと共著で、『絵のかけない子は私の教師』（仮説社）と『三原色の絵の具箱』（全三巻、ほるぷ出版）が出版された。

趣味らしい趣味も、得意なものも何ひとつなかった私に、夢中になるものが次々と生まれていった。主体的児童詩・仮説実験授業・キミ子方式、万華鏡……。授業記録までとってしまう。いつのまにか、仕事が趣味みたいになっていた。「ウワ〜。私にも夢中になるものができた！」。スゴ〜イことが、私の中で起きていました。

❖まさかの人生

1985年（教師16年目）4月、「まさかの人生」が起きた!! 「中学校美術教師」として異動させられたのだ。まったく予期せぬ出来事だった。免許もない。絵以外は教えられない。そんな教師に中学校美術専科とは。茫然。しかし、逃げ出すわけにはいかなかった。

彫刻、彫塑、デザイン、工芸……、様々な分野に挑戦した。松本先生はじめ、いろいろな方に協力していただいて、必死で教材開発をし続けた。美大出の人がやるような教材は、私には無理だった。苦難の連続でした。しかし、この「苦難の連続」は、気づくとてもたのしいものとなっていました。子どもたちは喜んでくれるし、「中学校美術の教師になって、本当によかったな」と思う日々。友人に勧められ、通信で中学校美術の免許もとった。中学校美術教師として自立するのに7年かかりました。

次は、本来の免許教科〈社会科〉も担当したくなった。１９９３年（教師24年目）からは、美術のほかに〈社会科〉も受けもつ。しかし、これがまた苦難の始まりでもあった。いざ授業しようとすると、教科書の内容が理解できなかった。牧衷さんに付いて3年間、教科書社会科（地理・歴史・公民）をみっちり教えていただいた。専門性を問われる中学校で一人前になることは、どの教科でも大変でした。〈社会の科学〉の授業書にも挑戦！　クォリティーの高いシャープな授業を求めて、１９９７年（教師28年目）からは、伊藤恵さん（東京都小学校）に学ぶ。

❖「自分らしさ」があって学ぶ

板倉先生は啓蒙主義的な方で、たくさんの本を書かれ、たくさんのお話をしてくださいました。特に忘れられない講演があります。演題は「学ぶとは」。私は、最初キミ子方式に反発した。しかし、その後ひるがえり、誰よりも猛然と学ぶようになった。

仮説実験授業研究会の中で、学び方一般、「学び方がすごく上達している人は誰か」といえば、実は堀江さんなんです。しかし堀江さんは「学ぶのがすごく嫌いな人」でもあります。「堀江さんという人は、学ぶのがすごくうまい人だ」といいながら、一方で「学ぶのがすごく嫌いな人だ」というのは矛盾してないんですよ。

ぼくがキミ子方式を関東例会で勧めた時も、堀江さんだけが反発しました。ところがその後、堀江さん自身がキミ子方式を気に入ってしまった。そしたら、もうすごいんですよ。堀江さんが学ぶ場にぼくも居合せたことがあったんですが、学んでいる時の迫力が他の人とは全然ちがう。スゴイというか、オッカナイというか、松本さんにくらいついて離れない。何から何までそっくり学びとってしまうんです。そういう学び方をする人であります。

「学ぶことは素晴らしいことだ」という体験をしたら違ってきます。ちょっと上達した人に学ぶ。さらに、本格的に素晴らしい人に学ぶ。「本格的に素晴らしい人に学ぶ」ということができるようになった時、それは〈自我の発見〉といえるのではないかと思うんです。人間が人間らしいというか、人間が自分らしい人間になるということは、自分の学ぶものを自分で決めるということです。学ぶのは自分です。〈自分らしさ〉があって学ぶんです。

（講演「学ぶとは」　板倉聖宣／2003年6月）

「学ぶのは自分です。〈自分らしさ〉があって学ぶんです」と板倉先生。つながった、尾形文江先生と！　「まだまだよ。もっとワガママでいいの。自分らしく生きなさい」と叱咤激励し続けてくれた師。その存在なくして、今日の私はなかったということになります。あらためて感謝を伝えたい。なのに、もう師はいない。涙が頬を伝う。

❖ルネサンス高校へ

私が例会に出るようになった頃、学生でただ一人参加していた人がいた。聡明で朗らか、みんなに「桃井くん」（当時20歳）とよばれて愛されていました。しかし、大学卒業後は姿を見せなくなっていた。

ある時、板倉先生がうれしそうに話してくださいました。

「あの桃井くんが、企業立のおもしろい通信制高校をつくったんだよ。広域制で、全国から生徒が集まって来るんだって。ルネサンス高校（※後注4）というんだけど、僕は応援するよ」

「あの桃井くん」というのは、桃井隆良さん（現・ルネサンス・アカデミー株式会社　代表取締役社長）のことです。ほどなくして私も、30年ぶりに会うことになった。驚いたことに、研究会には来ていなかったけれど、「仮説実験授業研究会の文献は取り寄せて読んでいた」ようで、研究会のことも、私のこともよく知ってくれていました。

私が定年退職を数か月後に控えていた時、犬塚さんと二人、ルネサンス高校（茨城県大子町）での授業を依頼された。高校生相手の授業に不安はありましたが、「桃井さんが理想主義的に創った高校。そこに私たちも関わらせてもらえる」という喜びのほうが勝りました。

退職後、私と犬塚さんは、ルネサンス高校で授業をやるようになった。ルネサンス高校に行ってみると、生徒は自由な服装で来ていた。茶髪やピアスで来ても生活指導が加わることがない。それだけでもホンワカしたイイ雰囲気が流れていた。出会った生徒たちは親しみやすく、私たちのやる授業を「たのしい」と喜んでくれました。不登校の子たちもいた。「こういう高校があることを知っていたら、不登校の子たちも受験・進学がラクに考えられたのにな……」と惜しく思った。残念な思いは、目の前に来てくれる生徒たちに向ける。

❖いまが幸せ最前線

私は現在もルネサンス高校で授業を続けています。その間にルネサンス高校は大きくなって、愛知県豊田市、大阪市にもできて、グループ全体で3校になりました。3校ともに仮説実験授業研究会の仲間たちがいて、〝たのしい授業〟を受けられる。犬塚さんは豊田校の校長だけでなく、グループ全体の名誉校長にもなり、〝たのしい学校づくり〟をめざして、活躍の幅を大きく広げています。どんな立場になっても〈たのしい授業〉をやり続け、生徒たちに愛されている犬塚さん。「ああ、いい先生だなあ」と思う。刺激的です。

私は社会科と美術を担当しています。社会科では、《生類憐みの令》や《禁酒法と民主主義》の授業をしています。《生類憐みの令》の授業を受けた生徒の感想文を紹介します。

毎度ながら、笑顔がステキです。生徒の休み時間のこともしっかり考えてくださるので、今年で最後なのが本当にさみしいです。いつも手作りの掲示物を使って、わかりやすくたのしい授業。すばらしいと感じます。時々、生徒たちに質問を投げかけるように語り、説明してくださるところが本当に好きです。

私は今年でスクーリングが最後になってしまうけど、ずっと先生らしさで、みんなをとりこにする授業を続けてください♪

私は1年生の頃から、先生の授業のトリコです♡

いつも目を合わせて教えてくれてありがとうございました。

（3年、葵）

年1回きりの出会い。たった80分の授業だけで、こんなに素敵なつながりがもてる。感動的で、うれしい出会いが続いてます。

ルネサンス高校には、不登校だった子たちばかりが来ているわけではありません。成人の方もいるし、「資格をとりたいから」「留学したいから」「好きなものに打ち込みたいから」など、様々な理由・事情で来てくれています。様々な分野で、とても大きな成果を上げている方も出ています。
「教師やめたい、教師やめたい」とわめいていた私が、いまも現役！　これこそが、一番の「まさかの人生」です。「まさかの人生」はすべてよかった！　私に幸せをもたらしてくれました。いまが幸せ最前線。新たな〈未知との遭遇〉を夢見ながら、これからも自分らしく、たのしく生きていきたいと考えています。

新しい価値の発見は、自分の世界の外からやってくる。

（板倉聖宣）

あとがき

本にまとめるのも難しい仕事でした。「こんな本ができるといいね」と支えてくださる方々がいてくださったのでできました。

板倉聖宣先生、山路敏英さん、伊丹淳さん、尾形邦子さん、牛山尚也さん。そして、いまは亡き牧衷さん、その他いちいち名前をあげてはおりませんが、仮説実験授業研究会の方々によるところが大でした。感謝しても、感謝しきれません。

桃井隆良さんのおかげで、いまを生き生きと生きているので書けました。ありがたく思っています。いまも私たちの指針となり、輝き続ける犬塚清和さんは、推薦文を書いてくださいました。光栄です。

学びリンクの山口教雄社長は、明るく笑顔を絶やさず、応援してくださいました。取材や行事を通し交流のある三浦哉子さんのお力添えがあって、出版の動きが生まれました。若き編集者・小林建太さんはていねいに原稿を読んでくださり、たくさんのご意見をくださいました。執筆に勢いが生まれました。学びリンクの皆様に心より感謝申し上げます。

私を育ててくれた多くの方々に感謝して

２０１７年12月24日

堀江晴美

後注

〈1〉仮説実験授業研究会

1963年に板倉聖宣氏が提唱した「仮説実験授業」に基づき組織された研究会。仮説実験授業では、教科書とノートを兼ねた「授業書」をもとに進められていく。「問題→予想・仮説→討論→実験」を繰り返し、学習者が授業内容の概念・法則を獲得する授業理念。

〈2〉キミ子方式

松本キミ子氏が考案した絵画指導法。「誰もが楽しく描ける指導法」として、1970年代後半から広まった。赤・青・黄の三原色と白だけで色を作り、描き始めの一点を決めて、となりとなりへと描き進めていく。大きさは画用紙が余れば切り、足りなければ足す、など自由でユニークな理論としてファンも多い。関連著書も多数あり、本書著者、堀江晴美とは『絵のかけない子は私の教師』(1982年/仮説社)、『三原色の絵の具箱』(1982年/ほるぷ出版)など共著もある。

〈3〉この時の記録は本になっている

「理科オンチ教師のたのしい授業 ―小学2年生と《豆電球と回路》―」（『理科オンチ教師が輝く科学の授業』より　2017年／仮説社）

〈4〉ルネサンス高校

2006年に茨城県久慈郡大子町に開校した株式会社立の通信制高校。設置者はルネサンス・アカデミー株式会社。2003年に施行された構造改革特区法に基づき大子町が申請し、内閣総理大臣の認可を受け開校した。同社は同じ形態で、2011年に「ルネサンス豊田高校」（愛知県豊田市）、2014年に「ルネサンス大阪高校」（大阪府大阪市）を開校している。ICTを駆使した教育スタイルで、タブレットやパソコン、スマートフォンなどで学習やレポート提出ができるのが特長。

※本書に登場する子どもたちと、関連する教師の名前はすべて仮名です。
関係各所に配慮し、フィクションを加えて構成しています。

不登校生が自然な笑顔をとりもどすとき
「学級復帰」への処方箋宝箱

2017年12月25日　初版第1刷発行

著　者　　堀江 晴美
発行者　　山口 教雄
発行所　　学びリンク株式会社
〒102-0076 東京都千代田区五番町10番地 JBTV五番町ビル 2F
電話 03-5226-5256　FAX 03-5226-5257
ホームページ　http://manabilink.co.jp/
ポータルサイト　http://www.stepup-school.net/
表紙デザイン　嵏主 沙也加（株式会社 日新）
本文デザイン　株式会社 日新
本文イラスト　南 如子
印刷・製本　株式会社 シナノ パブリッシング プレス

ISBN 978-4-908555-14-5